Edward de Bono

In 15 Tagen
Denken lernen

Aus dem Amerikanischen
von Margaret Carroux

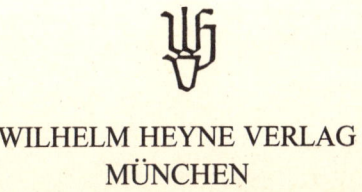

WILHELM HEYNE VERLAG
MÜNCHEN

HEYNE SACHBUCH
Nr. 19/110

Titel der amerikanischen Originalausgabe
THE FIVE-DAY COURSE IN THINKING
Erschienen bei Basic Books, Inc., Publishers, New York

ISBN 3-453-04021-X

INHALT

VORWORT

Ich habe ein begeisterndes Buch über das Denken gelesen (eben jenes, das zu lesen *Sie* sich anschicken), und so ist es nicht weiter verwunderlich, daß ich mich verleiten ließ, selbst ein bißchen zu denken. Das Ergebnis ist, daß ich jetzt etwas sehe, was ich vorher nicht gesehen habe, obwohl es mir in die Augen sprang.

Wir finden es ganz in der Ordnung, unseren Körper zu trainieren – unsere Muskeln, Sehnen und Gelenke-, und wir wissen, daß wir eine Menge für uns tun können, wenn wir – ohne irgendein bestimmtes Ziel – unseren Muskeln Bewegung verschaffen. Wir können ein Dutzend Klimmzüge machen, im Kasten rudern oder schattenboxen. Kein Mensch würde auf die Idee kommen, etwa zu sagen: »Klimmzüge – was soll das? Sie haben doch gar nichts erklommen. Sie stehen ja noch immer an derselben Stelle.«

Das Trainieren der Muskeln ist um seiner selbst willen nützlich, auch ohne daß man etwas Bestimmtes dadurch erreicht; über das Training hinaus braucht es keinen anderen Zweck zu haben. Aber gibt es viele Menschen, die das Denken – das Trainieren des geistigen Zellgewebes – auf die gleiche Weise betrachten? Gewiß, man sollte annehmen, daß wir alle denken, aber wir tun es offenbar nur, *um irgendein Problem zu lösen oder einen Entschluß zu fassen.*

Gibt es viele Menschen, die bedenken, daß auch dann, wenn das Problem nicht gelöst wird, etwas erreicht ist? Was geschieht, wenn wir angestrengt nachdenken, *ohne* zu einem Schluß zu kommen? Hat das Denken um seiner selbst willen keinen Wert? Kann geistiges Training nicht ebenso lohnend sein, wie es Leibesübungen sind?

Und wenn wir scheitern, könnte uns dann nicht das Nachdenken über die verschiedenen Denkprozesse zu einer Erklärung für unser Scheitern verhelfen und dazu beitragen, daß wir beim nächsten Mal Erfolg haben? Sollte uns das Nachdenken über das Denken nicht helfen, besser zu denken?

Edward de Bono zeigt in diesem erfreulichen Buch einen völlig neuen Weg. Er stellt uns einfache, aber faszinierende (und geradezu provozierende) Aufgaben. Er fordert uns auf, nicht nur über diese Aufgaben nachzudenken, sondern auch über das Nachdenken über diese Aufgaben nachzudenken.

Eine neue Art Training also, eine geistige Gymnastik gleichsam, die viel Spaß macht. Und Sie können gar nicht scheitern, denn das Scheitern ist ein Teil des Erfolgs. Vielleicht werden Sie, wenn Sie das Buch ausgelesen haben, weiter über das Denken nachdenken, und vielleicht werden Sie über die kleinen Rädchen, die in Ihrem Kopf klick, klick, klick machen, weit mehr herausfinden, als Sie für möglich gehalten haben.

Isaac Asimov

EINLEITUNG

Die meisten Menschen machen sich über das Denken nicht mehr Gedanken als über das Gehen oder das Atmen. Denken wird gewissermaßen als ein natürlicher Vorgang angesehen, und man gibt sich mit der eigenen Denkfähigkeit zufrieden. Die verschiedenen Arten zu denken weisen jedoch weit mehr individuelle Eigenart auf und sind bei einzelnen Menschen so verschieden ausgeprägt, daß der Schluß naheliegt, Denken sei eine Fertigkeit, für die etwas getan werden kann.

In den langen Jahren der Ausbildung wird einem hauptsächlich Wissen vermittelt, Fakten über Fakten werden angehäuft, und auf die grundlegenden Techniken des Denkens wird, wenn überhaupt, nur wenig Zeit verwandt. Die Fähigkeit zu denken wird als ein Nebenprodukt behandelt, das sich bei eingehender Beschäftigung mit bestimmten Stoffen von selbst ergeben sollte. Aber geschieht das wirklich? Und selbst wenn es so wäre – ist es nicht ein reichlich umständliches und unrentables Verfahren? Etwa so, wie wenn man den Tempel niederbrennt, um einen Schweinebraten zuzubereiten? Insgesamt kommt es doch wohl mehr darauf an, daß man denken kann, als daß man mit Fakten vollgestopft ist.

Dieses Buch handelt vom Denken. Die Situationen wurden so gewählt, daß sie das Wesentliche der einzelnen Denktechniken herausstellen, genau wie man beim Fotografieren eine bestimmte Beleuchtung wählt, um die charakteristischen Merkmale eines Gegenstands deutlich werden zu lassen.

Es ist ziemlich langweilig, nur über das Denken zu lesen,

aber es kann auch großen Spaß machen, wenn man sich mit den eigenen Denkprozessen befaßt. Dieses Buch sagt nicht: Tu dies und tu jenes. Es beruht auf den drei Prinzipien der Einfachheit, der Beteiligung und der Leistung und soll den Leser auf unterhaltsame Weise dazu bringen, daß er sich seiner eigenen Denkweise, ihrer Stärken und Schwächen bewußt wird. Der eine Leser bleibt vielleicht immer an einem bestimmten Punkt stecken. Ein anderer wendet vielleicht niemals bestimmte Strategien an. Sich solcher Unzulänglichkeiten bewußt zu werden, ist bei jeder Fertigkeit der erste Schritt zur Verbesserung und Vervollkommnung.

Die einzige Anstrengung, die dem Leser zugemutet wird, ist, daß er sich selbst die Frage stellt: »Warum habe ich gerade hierbei Schwierigkeiten?«

In diesem Buch wird nichts gelehrt, mit Ausnahme dessen, was man daraus lernt, und das hängt vom Leser ab. Die Hinweise im Text sollen nur dazu dienen, den Leser zu eigenen Gedanken über das Denken anzuregen. Ein aufgeschlossener Leser wird aus dem Buch weit mehr herausholen als ein unbeteiligter Leser, und wahrscheinlich sogar mehr, als der Autor hineingelegt hat.

Sie haben dieses Buch gekauft und sind berechtigt, es nach Belieben zu verwenden. Es ist keine Eile geboten. Wie der leere Raum in einem chinesischen Gemälde erfüllt auch die Zeit, in der nichts geschieht, ihren Zweck.

Die Kurse sind in gemächlichen, aufeinander aufbauenden Stufen angelegt, und deren Reihenfolge sollte eingehalten werden.

Edward de Bono

VORBEMERKUNG

Wenn hier von drei verschiedenen Arten des Denkens gesprochen wird (intuitives Denken, konsequentes Denken und strategisches Denken), so ist diese Einleitung keineswegs starr. Die Bereiche überschneiden sich bis zu einem gewissen Grade, und bestimmte Vorgänge wird man unter verschiedenen Überschriften finden. Die grundlegenden Denkvorgänge sind allen drei Bereichen gemeinsam, doch treten gewisse Aspekte des Denkens in dem einen Bereich stärker hervor als in einem anderen. Die Überschriften sagen nur etwas über diese unterschiedliche Betonung aus und sind nicht etwa Anweisungen, wie die einzelnen Bereiche in Angriff zu nehmen sind.

Intuitives Denken: Die Schritte, die zur Lösung hinführen, sind nicht alle wahrnehmbar. Die Lösung scheint sich auf Grund eines plötzlichen Gedankensprungs zu ergeben. Der Erfolg hängt hier mehr davon ab, daß man auf den richtigen Weg stößt, als daß man sorgfältig einen Weg verfolgt.

Konsequentes Denken: Die Lösung ergibt sich aus einer progressiven Folge von Schritten (Abwandlung, Verbesserung, Irrtümer, neue Ideen usw.). Die Folge braucht keine logische Folge zu sein; dennoch werden die Schritte einer nach dem anderen unternommen.

Strategisches Denken: Hier geht es darum, unter einer Vielzahl möglicher Schritte die am besten geeigneten zu wählen. Die Suche gilt nicht einer definitiven Lösung, sondern einer Verhaltensweise, die zweckmäßiger ist als andere.

Die Aufgaben aus dem Bereich des intuitiven Denkens lassen sich natürlich auch mit Hilfe konsequenter Denkvorgänge lösen, ebenso wie Aufgaben aus dem Bereich des konsequenten Denkens sich auf intuitive Weise lösen lassen. Beide Verfahren können beim strategischen Denken angewandt werden.

Der erste
Fünf-Tage-Kurs

Die Flaschen:
Intuitives Denken

EINFÜHRUNG

Fangen Sie morgen mit dem Kurs an. Und überlegen Sie bis dahin nur, ob Ihr Denken so gewandt und wirksam ist, wie es sein könnte. Halten Sie sich seine gegenwärtigen Vorzüge vor Augen, aber überlegen Sie vor allem auch, ob solche Vorzüge eine Weiterentwicklung ausschließen. Machen Sie sich darauf gefaßt, daß solche Vorzüge bei diesem Kurs entweder erwiesen oder in Zweifel gezogen werden.

Die Gelegenheiten, sich im Denken zu üben, sollen eher real als imaginär sein. Hier handelt es sich um einen praktischen Kurs, und Sie brauchen dazu einiges an Ausrüstung:

- Vier normalgroße leere Sodawasser-Flaschen
- Vier Tafelmesser (am besten mit flachseitigen Griffen und – aus Gründen der Sicherheit – mit abgerundeten Spitzen)
- Ein mit Wasser gefülltes Trinkglas

Über etwas nachzudenken ist die einzige Möglichkeit, über das Denken nachzudenken, und nur wenn man einen geeigneten Anlaß zum Denken hat, kann man sich über den Wert des eigenen Denkens ein Urteil bilden.

Der erste Fünf-Tage-Kurs behandelt jene Art von Aufgaben, die gewöhnlich ganz plötzlich durch einen Geistesblitz gelöst werden – was man intuitives Denken nennen könnte.

DER ERSTE TAG

1. Aufgabe

Stellen Sie drei Flaschen aufrecht auf einen Tisch oder auf den Fußboden. Ordnen Sie sie so an, daß jede Flasche einen der Eckpunkte eines gleichseitigen Dreiecks bildet. Der Abstand zwischen den Grundflächen von je zwei Flaschen sollte ein wenig größer sein als die Länge eines Messers.

Konstruieren Sie unter Verwendung nur der vier Messer eine Plattform, die auf den Flaschen ruht. Keines der Messer darf den Boden berühren. Die Plattform muß stark genug sein, um ein volles Wasserglas tragen zu können.

Das ist die Aufgabe. Sie können an sie herangehen, wie Sie möchten. Sie können sie mit Hilfe der Logik in Angriff nehmen oder mit den Messern herumspielen, bis irgend etwas dabei herauskommt. Sie können darauf warten, daß Ihnen die Lösung zufällt, oder Sie können zielstrebig nach ihr forschen. Sie können sogar zu dem Schluß kommen, daß es keine Lösung der Aufgabe gibt. Beobachten Sie, während Sie sich mit der Aufgabe beschäftigen, wie leicht oder wie schwer es Ihnen fällt, sie zu lösen. Beobachten Sie, wie lange Sie dazu brauchen. Beobachten Sie, wie Sie den ersten Ansatz machen. Beobachten Sie die verschiedenen Wege, die Sie einschlagen, und überlegen Sie, warum Sie sie einschlagen. Beobachten Sie, warum ein bestimmter Weg blockiert ist oder nicht weiterführt. Beobachten Sie, wie viele Lösungen es gibt, oder ob es überhaupt welche gibt. Wenn es keine Lösungen gibt, dann beobachten Sie, wie lange Sie brauchen, um das zu erkennen, und wie sicher Sie sich Ihrer Sache sind.

Die Aufgabe soll Ihnen Gelegenheit bieten, über Ihr Denken nachzudenken. Es muß nicht um jeden Preis eine Lösung gefunden werden.

Haben Sie am Ende des Tages noch keinen Erfolg gehabt, können Sie beschließen, das Problem zu überschlafen, oder aber Sie entschließen sich, nunmehr festzustellen, ob es eine Lösung gibt, indem Sie den folgenden Abschnitt lesen.

Lösung der Drei-Flaschen-Aufgabe

Ist die Lösung erst dargelegt, erweist sie sich als höchst einleuchtend, und es erscheint geradezu unglaublich, daß sie auch nur die geringste Mühe oder Zeit erfordert hat.

Legen Sie zunächst eines der Messer ganz beiseite. Wenn nicht mehr als vier Messer verwendet werden durften, so heißt es nicht, daß *alle* vier erforderlich waren oder verwendet werden mußten. Es ist ein im täglichen Denken weit verbreiteter Fehler, vorauszusetzen, daß etwas in einer bestimmten Weise getan werden muß, und dann von dieser Voraussetzung auszugehen. Vorzügliches Denken nützt nichts, wenn es auf einer falschen Voraussetzung beruht. Bei den meisten Taschenspielertricks und Zauberkunststücken spielt es eine entscheidende Rolle, daß die Zuschauer allzu bereitwillig Dinge als gegeben hinnehmen und erst zu spät, wenn das Kunststück schon vollbracht ist, anfangen, scheinbare Gegebenheiten in Frage zu stellen.

Die verwobene Anordnung der Messerklingen, die eine mögliche Lösung ergibt, wird gegenüber gezeigt. Zwischen den Flaschen ist eine feste dreieckige Plattform geschaffen worden, die auf den Flaschenöffnungen ruht. Die Mitte dieser Plattform vermag gut und gern ein volles Wasserglas zu tragen. Die Lösung scheint einfach. Doch wäre es ungewöhnlich, wenn man sie mit Leichtigkeit fände.

Woran könnte es liegen, daß es auch nur die geringsten Schwierigkeiten macht, auf eine so einfache Lösung zu kommen?

Vielleicht wenden wir, wenn wir glauben, wir denken, in Wirklichkeit nur vorgefertigte Erfahrungsmodelle an. Hätte sich ein solches Modell für diese Aufgabe geeignet, wäre die Lösung tatsächlich einfach gewesen.

Vielleicht haben irgendwelche scheinbar anwendbaren Modelle der Lösung eher im Wege gestanden, als daß sie zu ihr beigetragen haben. Da der Abstand zwischen je zwei Flaschen größer sein sollte als eine Messerlänge, hat vielleicht irgendein Denkmodell zu der Vermutung geführt, daß *zwei* Messer zwischen je zwei Flaschen verwendet werden müßten. In diesem Fall hätten zwei Messer miteinander verbunden werden müssen, um eine genügend

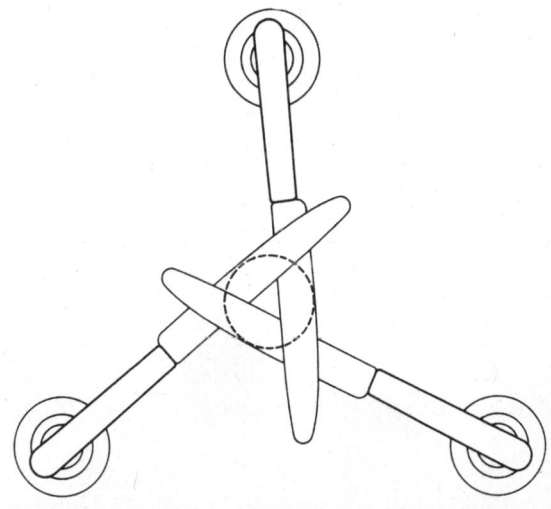

Lösung der Drei-Flaschen-Aufgabe

lange Konstruktion zu ergeben. Andererseits war nichts vorhanden, womit man die Messer hätte verbinden können.

Vielleicht hat mancher die Messer so gelegt, daß eines von jeder Flasche aus auf das Zentrum des Dreiecks zeigte, und stellte dann fest, daß sie sich überlappten. So vorzugehen schien vielleicht ganz natürlich. Dennoch hätte es die Lösung erschwert.

Andere wiederum hatten vielleicht vage die Vorstellung von einer verwobenen Struktur, konnten sie aber nicht zuwege bringen.

Denkvorgänge verlaufen bei den einzelnen Menschen höchst individuell. Gewohnheit, Erfahrung und sogar Temperament üben ihren Einfluß aus. Dazu mögen falsche Ansätze kommen, geistige Kurzschlüsse oder auch einfach ein Mangel an Inspiration. Ebenso kann ein irreführendes Selbstvertrauen oder ein hinderlicher Mangel an Selbstvertrauen vorliegen.

Die endgültige Lösung mag durch angestrengtes logisches Denken, durch Zufall oder auch gar nicht zustande kommen, doch sollte es niemandem schwerfallen, ihre Einfachheit zu begreifen.

Alle, die diese Aufgabe nicht schnell und brillant gelöst haben, sollten aus den Denkprozessen, die tatsächlich stattgefunden haben, ihre Lehre ziehen. Das ist lohnender, als zu der Lösung zu gelangen.

Mancher hat sich vielleicht bemüht, die Aufgabe mit Hilfe der Logik zu lösen. Logik indes verlangt eine Richtung, in der sie vorgehen kann. Wenn es keine klare Richtung gibt, kann die Logik in die falsche Richtung führen und eine Lösung verzögern oder sogar unmöglich machen.

Andere haben es vielleicht vorgezogen, ihr Denken vom Zufall bestimmen zu lassen. Das erforderte weder eine bestimmte Richtung noch legt man sich auf etwas fest. Und es läßt sich auch nicht steuern. Während man mit den Messern herumspielt und sie in immer neue Stellungen bringt, tauchen die verschiedensten Ideen auf. Jede wird durchgespielt und, falls sie sich als unbrauchbar erweist, wieder verworfen; und wenn sie verworfen wird, ergibt sich möglicherweise gerade aus dem Mißerfolg eine neue Idee. Das mag ein aufwendiges und langwieriges Verfahren sein, aber oft führt es zu der richtigen Lösung, und zwar vor allem dann, wenn sich keine klare Richtung abzeichnet, in der man logisch vorgehen kann.

Nach den Erfahrungen des ersten Tages sind folgende Punkte beachtenswert:

1. Es ist wichtig, zunächst nichts als gegeben hinzunehmen.
2. Der Weg zur Lösung kann schwierig sein, wenn die Erfahrung kein Modell bereithält.
3. Modelle, wie sie von der Erfahrung oder vom gesunden Menschenverstand bereitgehalten werden, können, wenn sie unbrauchbar sind, die Lösung sogar verhindern.
4. Praktisches Herumprobieren kann ebenso erfolgreich sein wie logisches Vorgehen.

DER ZWEITE TAG

2. Aufgabe

Finden Sie heraus, ob es möglich ist, unter Verwendung nur der vier Messer eine auf vier Flaschen ruhende Plattform zu konstruieren. Jede Flasche wird aufrecht auf die Ecke eines gedachten Quadrats gestellt. Die Seiten des Quadrats sollen ein wenig länger als ein Messer sein, so daß zwischen den Grundflächen je zweier benachbarter Flaschen ein Messer gut Platz hat. Es müssen alle vier Flaschen verwendet werden, und die Plattform muß gleichmäßig auf allen vier Flaschen ruhen. Die Plattform soll stark genug sein, um zwischen den Flaschen ein volles Wasserglas tragen zu können. Nur die vier Messer dürfen verwendet werden, und keines darf den Boden berühren.

Die Aufgabe mag der vorhergehenden sehr ähnlich sehen, doch die Eigenschaften eines Quadrats sind anders als die eines Dreiecks. Ein Dreieck ist in sich stabil und bildet wegen dieser Stabilität die Grundlage geodätischer Berechnungen. Vielleicht ist es nicht möglich, ein quadratisches Gebilde so zu behandeln wie ein dreieckiges, das eine ungerade Anzahl von Seiten hat.

Die Aufgabe soll, ebenso wie die vorige, Gelegenheit bieten, unmittelbar zu beobachten, wie sich die zum Denken gehörenden Prozesse bei einem selbst vollziehen. Nach den bei der vorhergehenden Aufgabe gemachten Erfahrungen sollte die Technik der Selbsterkenntnis wirksamer angewandt werden. Ebenso dürfte der Sinn eines solchen Gewahrwerdens jetzt deutlicher sein.

Vielleicht sind Sie sich schon darüber klargeworden,

welche Methoden sich als erfolgreich erweisen könnten und welche Sackgassen sich vermeiden lassen. Womöglich haben Sie sogar schon eine Vorstellung, welche logische Richtung einzuschlagen ist.

Aus allen diesen Gründen kann es sein, daß die Lösung der Aufgabe weniger Zeit in Anspruch nimmt als die der vorigen. Schließlich scheint es ein sehr ähnliches Problem zu sein, und die bei der ersten Aufgabe gewonnene Erfahrung dürfte überaus hilfreich sein.

Lösung der Vier-Flaschen-Aufgabe

Die Lösung ist der für die Drei-Flaschen-Aufgabe verwendeten sehr ähnlich. Wie die Messerklingen miteinander verwoben sein müssen, damit sie eine Konstruktion ergeben, die stark genug ist, um das Wasserglas tragen zu können, wird auf Seite 25 gezeigt.

Die Lösung ist der der vorigen Aufgabe so ähnlich, daß es kaum jemanden geben dürfte, der sie nicht mühelos gefunden hat. Die Lösung gar nicht gefunden zu haben, wäre ebenso ungewöhnlich, wie wenn jemand die der ersten Aufgabe gefunden hätte.

Die große Bedeutung, die der Erfahrung zukommt, wenn man feststellen will, wie leicht oder schwer sich eine Aufgabe lösen läßt, ist deutlich erwiesen. Wäre die Vier-Flaschen-Aufgabe vor der Drei-Flaschen-Aufgabe gestellt worden, so wäre das Schwierigkeitsverhältnis umgekehrt gewesen.

Die Bemerkungen über die unterschiedlichen Eigenschaften eines Dreiecks und eines Quadrats sind zwar durchaus zutreffend, waren aber in diesem Zusammenhang ohne Belang. Sie waren vielmehr ein absichtlicher Versuch, die Aufgabe zu erschweren, denn sie mußten die Vermu-

tung nahelegen, die bei der Drei-Flaschen-Aufgabe gewonnenen Erfahrungen könnten hier vielleicht nicht angewandt werden.

Wann immer ein Problem in irreführender Weise erörtert
wird, kann es geschehen, daß seine Ähnlichkeit mit anderen
Problemen dadurch verschleiert wird. Die Folge ist, daß
Erfahrungsmuster, die sich bereits als brauchbar erwiesen
haben, nicht verwendet werden. Der absichtliche Versuch,
die Vorstellung zu erwecken, als seien die Drei-Flaschen-
Aufgabe und die Vier-Flaschen-Aufgabe sehr verschieden
voneinander, hätte also ignoriert werden sollen. Selbst wenn
Sie geglaubt haben, es bestehe womöglich ein Unterschied,
hätte es nichts geschadet, wenn Sie die beiden Aufgaben so
lange als gleichartig betrachtet hätten, bis sie sich als
verschieden herausstellten. Wäre die zweite Aufgabe als der
ersten ähnlich angesehen worden, so hätte sich damit
zumindest ein Lösungsverfahren angeboten. Und hätte sich
dieses Verfahren als falsch erwiesen, hätte ein wenig
Nachdenken darüber, warum es ungeeignet ist, vielleicht zu
einem besseren Verfahren geführt.

Gleichgültig, mit welchem Nachdruck irreführende Hinweise gegeben werden, man sollte sie ignorieren oder nur
am Rande zur Kenntnis nehmen. Auf keinen Fall sollte man
sich durch sie beim Lösen der Aufgabe beirren lassen. Man
ist jedoch geneigt, solche Winke aufzugreifen, in der
Hoffnung, dadurch Zeit und Mühe zu sparen.

Der springende Punkt bei der Lösung der Vier-Flaschen-
Aufgabe ist, daß man sich hier die aus der Lösung der Drei-
Flaschen-Aufgabe gewonnene Erfahrung zunutze machen
kann. Die Leichtigkeit, mit der eine solche Erfahrung
angewandt wird, und die Wirksamkeit der Anwendung
hängen davon ab, wie die Erfahrung registriert worden ist.
Wurde die Erfahrung einfach als ein Phänomen registriert,

als ein Beweis dafür, daß sich die Sache machen ließ, dann ist sie sehr viel weniger nützlich, als sie es sein sollte.

Wenn dagegen irgendein allgemeines Prinzip von der Lösung der ersten Aufgabe abstrahiert wurde, dann ist es einfach, sich eines solchen Prinzips zu erinnern und es anzuwenden. Ein derartiges allgemeines Prinzip kann die dreieckförmige Anordnung bei der ersten Aufgabe berücksichtigen oder auch nicht. Ein sehr allgemeines Prinzip wird vielleicht nur in Betracht ziehen, wie eine solche Konstruktion auf einer Anzahl von Stützen angeordnet werden könnte, unabhängig von der Anzahl oder der Aufstellung der Stützen. Falls ein solches Prinzip tatsächlich abgeleitet wurde, dürfte die Vier-Flaschen-Aufgabe keinerlei Problem gewesen sein. Überdies ist dann das Täuschungsmanöver, der irreführende Hinweis auf einen möglichen Unterschied zwischen quadratischen und dreieckigen Anordnungen, völlig wirkungslos geblieben.

Ein allgemeines Prinzip könnte beispielsweise so aussehen, daß man an einer beliebigen Ecke beginnt und dann rings um die Figur herum fortfährt: Messer A ruht auf Messer B, Messer B auf Messer C, und Messer C wiederum auf Messer A. Auf diese Weise schließt sich der Kreis, und jedes Messer erhält an beiden Enden eine Stütze. Oder noch einfacher ausgedrückt: Man geht in einer bestimmten Richtung vor und legt das freie Ende eines jeden Messers auf das des benachbarten Messers.

Ein solches Prinzip läßt sich unmittelbar auch auf die Vier-Flaschen-Situation anwenden, die nur ein Glied mehr in der Kette erfordert als die Drei-Flaschen-Aufgabe. Das ist der Grund, warum die Lösung der Aufgabe nur sehr wenig Zeit hätte in Anspruch nehmen dürfen.

Ist man sich des Prinzips der miteinander verwobenen Messer nur undeutlich bewußt, so könnte das ebenfalls zur richtigen Lösung führen, doch würde der Lösungsprozeß dann erheblich länger dauern.

Es gibt noch andere Prinzipien oder Verfahren, die aus der Lösung der ersten Aufgabe abgeleitet werden und das Lösen der zweiten erleichtern können.

Ein besonderer Vorteil solcher Konstruktionsaufgaben besteht darin, daß es nicht möglich ist, die Konstruktionen Stück für Stück zu errichten. Die Konstruktion gelingt als vollständiges Ganzes, oder sie gelingt gar nicht. Es ist ausgeschlossen, daß nur ein Teil stimmt und der Rest falsch ist. Sie kann nicht nach und nach verbessert werden, bis die Lösung erreicht ist. Die Lösung umfaßt von Anfang an jede Einzelheit, und entweder stimmt sie, oder sie stimmt nicht. Auf diese Weise ist für ein definitives und deutlich erkennbares Endergebnis der Denkprozesse gesorgt.

Es ist interessant, in diesem Zusammenhang zu prüfen, wieweit es zweckmäßig sein kann, mit Hilfe einer philosophischen Methode an die erste Aufgabe heranzugehen. Solche Methoden nachträglich zu entwickeln, wenn die Lösung bereits bekannt ist, fällt im allgemeinen nicht schwer. Die Aufgabe mittels einer solchen Methode wirklich zu lösen, kann dagegen erstaunlich schwierig sein.

So könnte man argumentieren, da keines der Messer den Abstand zwischen zwei Flaschen zu überbrücken vermag, komme es wesentlich auf eine Art Zusammenwirken zwischen den Messern an. Dieses Zusammenwirken wäre auf verschiedene Weise denkbar. Es könnte eine Art gegenseitiger Stützung sein, wobei jedes Messer jedes andere Messer stützt und zugleich von ihm gestützt wird. Eine andere Möglichkeit wäre, daß eines der Messer dazu verwendet wird, die beiden anderen zusammenzuhalten und zu einer starren Konstruktion von ausreichender Länge zu verbinden. Oder aber es wird eines der Messer vom

nächsten gestützt und das nächste vom übernächsten – bis
zurück zum ersten. Dies ist natürlich die endgültige Lösung.

   Das Mißliche an einer solchen Betrachtungsweise ist, daß
sie in der Praxis keinen Sinn ergibt. Philosophisch gesehen,
erscheint die endgültige Lösung sogar suspekt. Wie, so
könnte man fragen, kann eines der vorhandenen Messer
von den anderen gestützt werden, wenn deren einzige
Stütze eben dieses Messer ist, das selbst ungestützt ist?
Diese Art der Betrachtungsweise entspricht oft eher der
Beschreibung einer bereits gefundenen Lösung als einem
Plan zu Ermittlung einer Lösung.

Wie im ersten Fall ist eine persönliche Bewertung dessen,
was die Lösung erleichtert hat, oder ein klares Verstehen,

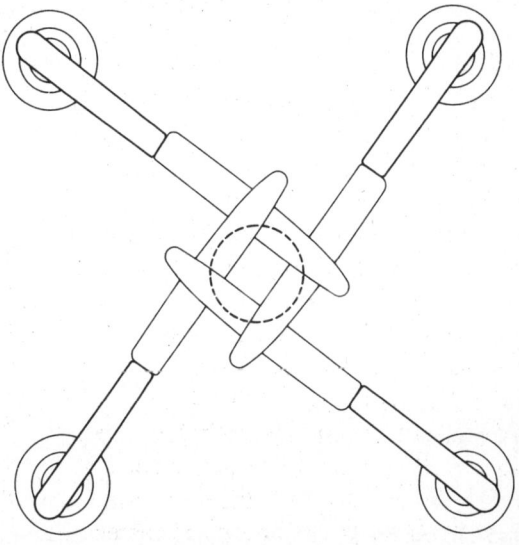

Lösung der Vier-Flaschen-Aufgabe

warum sie schwierig oder unmöglich war, mehr wert als
irgendwelche kategorischen Behauptungen. Jeder sollte für
sich selbst einige Schlußbemerkungen formulieren, wie sie
am Ende des letzten Abschnitts und auch hier wiederum
aufgeführt sind.

1. Wird die wesentliche Ähnlichkeit einer Aufgabe mit einer
   schon gelösten Aufgabe klar erkannt, so läßt sich die
   Lösung sehr viel leichter finden.
2. Es ist wichtig, sich nicht durch belanglose Erwägungen
   irreführen zu lassen, die den Anschein erwecken, als
   unterscheide sich die Aufgabe von bereits vorgekomme-
   nen. Es spielt keine Rolle, wie sicher oder mit welchem
   Anspruch solche Überlegungen vorgetragen werden.
3. Eine spezifische Erfahrung ist sehr viel wertvoller, wenn
   irgendein allgemeines Prinzip daraus abgeleitet wird.
4. Je allgemeiner ein solches Prinzip ist, um so wertvoller
   kann es sein.
5. Die Anwendung von Denkmodellen, die von der Erfahrung bereitgehalten werden, führt am schnellsten zur
   Lösung einer Aufgabe.

DER DRITTE TAG

3. Aufgabe

Diesmal nehmen Sie nur zwei Flaschen. Stellen Sie sie aufrecht hin, und zwar so, daß der Abstand zwischen ihren Grundflächen der Länge eines Messergriffs zusätzlich zu der Länge eines Messers entspricht. Die zwei Flaschen stehen also weiter voneinander entfernt als bei den beiden vorhergehenden Aufgaben.

Errichten Sie unter Verwendung nur der vier Messer eine Brücke zwischen den beiden Flaschen, die in der Mitte das Gewicht eines vollen Wasserglases zu tragen vermag. Die Enden der Brücke ruhen auf den beiden Flaschen. Keines der Messer darf den Boden berühren.

Wichtiger als daß die Aufgabe schnell oder mit Leichtigkeit gelöst wird, ist die exakte Beschreibung der an der Lösung beteiligten Gedankenabläufe. Es kann sogar nützlich sein, sich über alles, was dabei zu geschehen scheint, ein paar Notizen zu machen. Kurze Aufzeichnungen über die angewandte Taktik, die verschiedenen Versuche und die beteiligten Prinzipien können einen nützlichen Einblick in das eigene Denkverhalten vermitteln. Solche Enthüllungen mögen für einen selbst zwar geradezu beschämend sein. Am Ende erweist sich jedoch eine ehrliche Einschätzung der eigenen Denkgewohnheiten schon als ein beträchtlicher Fortschritt.

Es kann sich zum Beispiel herausstellen, daß irgendein Verfahren einem selbstverständlicher in den Sinn kommt als ein anderes. Unser Verstand hat seine Veranlagungen und Gewohnheiten, auch da, wo es um reines Denken geht.

Einmal erkannt, können diese Gewohnheiten, sofern sie zweckmäßig sind, bewußt gefördert oder andernfalls vermieden werden.

Es ist mehr wert, die Aufgabe nicht zu lösen, sich dafür aber der einzelnen Gründe dieses Scheiterns bewußt zu sein, als die Aufgabe rasch zu lösen und hinterher keine Ahnung zu haben, wie man sie gelöst hat. Damit soll nicht gesagt sein, daß Inspiration keinen Wert habe, weil es für sie kaum eine hinreichende Erklärung geben dürfte. Kommt die Lösung durch Inspiration zustande, dann ist das Erklärung genug. Doch Inspiration wird nicht selten durch ein zufälliges Zusammentreffen charakteristischer Merkmale ausgelöst, und solche Umstände lassen sich sehr wohl beobachten.

Lösung der Zwei-Flaschen-Aufgabe

Es mag überraschend anmuten, aber es gibt eine absolut praktikable Lösung (Seite 31). Die Konstruktion ist recht stabil und überspannt den beträchtlichen Abstand zwischen den Flaschen. Vielleicht ist ein wenig Justierung erforderlich, um das Gebilde auszubalancieren, aber das dürfte nicht schwierig sein. Falls die Messer keine flachseitigen Griffe haben, mag das Ausbalancieren eines Wasserglases in der Mitte der Brücke Schwierigkeiten verursachen, da es soviel bedeuten würde, wie ein Glas auf einer runden Kante auszubalancieren. Die Konstruktion ist jedoch stark genug, um das volle Wasserglas tragen zu können, sofern verhindert wird, daß sich die Messergriffe hin und her drehen.

Die Lösung beruht unmittelbar auf der Lösung der vorhergehenden Vier-Flaschen-Aufgabe, auch wenn der Zusammenhang nicht so offenbar ist wie der zwischen der Drei- und der Vier-Flaschen-Aufgabe. Ein allgemeines

Prinzip, das sich sogleich anwenden ließe, gibt es nicht. Dennoch dürfte ein nochmaliges sorgfältiges Durchdenken der Vier-Flaschen-Aufgabe zur Lösung hinführen.

Im Anschluß an die Lösung der Zwei-Flaschen-Aufgabe ist die Lösung der Vier-Flaschen-Aufgabe noch einmal graphisch dargestellt. Betrachten Sie die Messer zwischen B und C als eine Brücke zwischen zwei Flaschen. Überlegen Sie, was geschehen würde, wenn Sie die Flaschen A und D entfernten: die Konstruktion würde zusammenbrechen, denn die Abstützung der auf A und D ruhenden Messer-griffe ist für den Halt der Brückenkonstruktion zwischen B und C von entscheidender Bedeutung. Stellen Sie sich vor, das durch A gestützte Messer würde zu einem langen Hebel verlängert: die Kraft, die am anderen Ende des Hebels nach unten drückt, würde die durch Flasche A gegebene, nach oben gerichtete Stützung ersetzen. Nun kann zwar das Messer nicht zu einem Hebel verlängert werden, aber man kann es so weit herumschwenken, daß es die Position einnimmt, welche die andere Hälfte des Hebels eingenom-men hätte. Das Muster, nach dem die Messer miteinander verwoben sind, braucht dazu in keiner Weise verändert zu werden. Das Messer verläuft jetzt parallel zu dem auf D ruhenden Messer. Das Gewicht seines Griffs stellt eine nach unten gerichtete Kraft dar, welche die durch Flasche A gegebene, nach oben gerichtete Stützung vollauf ersetzt. Der Halt der Konstruktion bleibt so gewahrt.

Mit dem auf D ruhenden Messer kann in gleicher Weise verfahren werden. Die Flaschen A und D werden entfernt, und das Ergebnis ist eine Brücke zwischen B und C – die Lösung der Zwei-Flaschen-Aufgabe.

Die Lösung der Vier-Flaschen-Aufgabe ist also dadurch in eine Lösung der Zwei-Flaschen-Aufgabe umgewandelt worden, daß die durch eine stützende Flasche gegebene,

nach oben gerichtete Kraft in eine durch das Gewicht des
Messers gegebene, nach unten gerichtete Kraft verwandelt
wurde.

Um die Lösung der Zwei-Flaschen-Aufgabe in dieser
Weise abzuleiten, muß man imstande sein, die Lösung der
Vier-Flaschen-Aufgabe auf besondere Weise zu sehen: man
muß die Vier-Flaschen-Lösung als eine Zwei-Flaschen-
Brücke mit zwei zusätzlichen Stützen betrachten. Das
Problem besteht dann darin, diese beiden Stützen zu
eliminieren. Dazu gehört, daß man eines der Messer als Teil
eines imaginären Hebels ansieht und sich so den abwärts
gerichteten Druck am einen Ende als Ersatz für einen
aufwärts gerichteten Druck am anderen Ende vorstellen
kann – wie bei einer Wippe. Schließlich muß man sich
vorstellen können, daß ein und dasselbe Messer in zwei
verschiedenen Positionen den imaginären Hebel ersetzt.

Das ist wahrhaftig ein komplizierter Gedankengang. Zu
derselben Lösung kann man aber auch gelangen, wenn man
nur einige dieser Überlegungen anstellt. Man kann sogar auf
eine völlig andere Art und Weise zu ihr gelangen.

Mancher wird vielleicht als erstes überlegt haben, wie sich
das Gewicht der Messer dazu nutzen ließe, eine Konstruktion herzustellen, die so stabil ist, daß sie Gewicht zu tragen
vermag. Das wäre insofern ein neuer Gedanke, als diese
Wirkungsweise in beiden vorhergehenden Aufgaben noch
nicht vorgekommen ist. Ein solcher Weg mag zum Erfolg
geführt haben. Andere wiederum vermochten wahrscheinlich nicht so paradox zu denken, weil das Grundproblem in
der Tragfähigkeit zu bestehen schien. Sie waren vielleicht
einfach nicht imstande, Gewicht als etwas anzusehen, das
dazu verwendet werden kann, Gewicht zu tragen.

Betrachtet man Gewicht als eine nützliche und nicht nur
als eine nachteilige Eigenschaft, betrachtet man die Zwei-

Flaschen-Aufgabe als eine Vier-Flaschen-Aufgabe, bei der zwei der Flaschen entbehrlich sind, betrachtet man eine Stütze als eine nach oben gerichtete Kraft, die durch eine abwärts gerichtete Kraft am anderen Ende eines Hebels ersetzt werden kann, betrachtet man ein Messer in zwei entsprechenden Positionen als die beiden Hälften eines Hebels, dann ist es möglich, die Aufgabe zu lösen.

Es kommt darauf an, die Dinge nicht nur als das zu betrachten, was sie sind, sondern auch als das, was sie sein könnten. In der Regel kann man eine Sache auf vielerlei Arten betrachten, und zuweilen zeigt es sich, daß die am wenigsten einleuchtenden Arten die nützlichsten sind. Hat man etwas als das erkannt, was es ist, lohnt es sich, nachzuschauen, was es sonst noch sein könnte.

Zuerst sieht es so aus, als ließen sich die aus den Drei- und Vier-Flaschen-Aufgaben gewonnenen Erfahrungen nicht

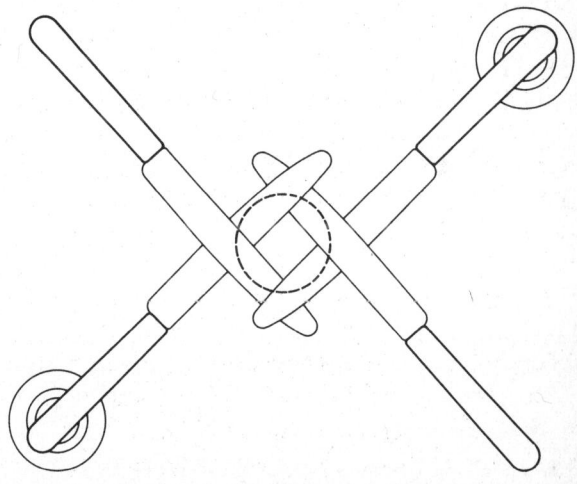

Lösung der Zwei-Flaschen-Aufgabe

auf die Zwei-Flaschen-Aufgabe anwenden. Modelle, die unmittelbar verwendet werden könnten, gibt es nicht. Es bedarf einer nochmaligen sorgfältigen Prüfung der Vier-Flaschen-Aufgabe, ehe sich deren Bedeutung für die Lösung dieser Aufgabe zeigt.

Zuweilen kann es nützlich sein, sich nicht nur auf allgemeine, aus bestimmten Erfahrungen abgeleitete Prinzipien zu stützen, sondern darüber hinaus die Erfahrungen noch einmal zu prüfen und festzustellen, ob möglicherweise wissenswerte Tatsachen deshalb übersehen wurden, weil sie ursprünglich unbrauchbar schienen.

Die Nützlichkeit einer nochmaligen Prüfung früherer

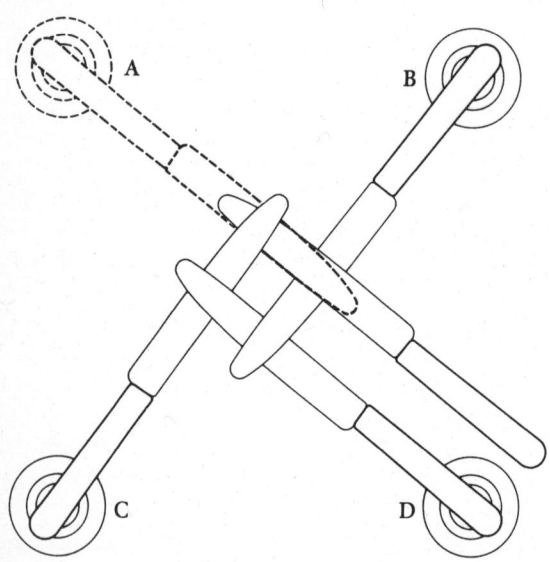

Lösung der Zwei-Flaschen-Aufgabe, abgeleitet von der Vier-Flaschen-Aufgabe

Erfahrungen ist jedoch begrenzt. Manchmal führt es weiter, an die Aufgabe ganz neu heranzugehen, als mit viel Zeitaufwand unter früheren Erfahrungen eine Parallele zu suchen. Es hängt davon ab, wie ähnlich die anderen Aufgaben sind, und das zu erkennen, hängt wiederum von der eigenen Fähigkeit ab, Ähnlichkeiten zu entdecken oder beispielsweise zu erfassen, daß in der Vier-Flaschen-Lösung eine Zwei-Flaschen-Lösung stecken kann.

Wenn es keinen deutlich sichtbaren Weg gibt, an die Aufgabe heranzugehen, und die eigenen Erfahrungen begrenzt sind, dann kann es sich durchaus lohnen, diese Erfahrungen zu untersuchen, in der Hoffnung, irgendeinen brauchbaren Weg zu entdecken.

Folgende Punkte könnte man sich im Zusammenhang mit der Zwei-Flaschen-Aufgabe merken:

1. Die Fähigkeit, Dinge auf verschiedenerlei Arten zu betrachten, kann sehr nützlich sein. Es ist wichtig, Dinge nicht nur im Hinblick auf ihre unmittelbare Nützlichkeit zu begreifen.
2. Die Fähigkeit, verwandte Zusammenhänge richtig einzuschätzen, ermöglicht es, geschickt damit zu operieren.
3. Die aus Erfahrungen abgeleiteten allgemeinen Prinzipien können nicht alle nützlichen, wissenswerten Tatsachen dieser Erfahrungen umfassen; oft lohnt sich eine nochmalige Prüfung.
4. Es kann verschiedene Wege geben, um zu derselben Lösung zu gelangen.

DER VIERTE TAG

4. Aufgabe

Zwei Flaschen werden aufrecht hingestellt, und zwar so, daß der Abstand zwischen ihren Grundflächen eben über eine Messerlänge beträgt. Konstruieren Sie unter Verwendung von nur drei Messern eine Brücke zwischen dem oberen Rand der einen Flasche und dem oberen Rand der anderen. Keines der Messer darf den Boden berühren. Die Brücke muß stark genug sein, um ein volles Wasserglas tragen zu können.

Um diese Aufgabe zu lösen, können Sie entweder die bewußt logischen Denkprozesse odedr das vom Zufall bestimmte Verfahren des Herumprobierens anwenden. Jeder wird sich inzwischen darüber klargeworden sein, welches der beiden Verfahren sich als erfolgreicher erwiesen hat, und wird es mit diesem Verfahren versuchen. Einige sind sich vielleicht nicht so sicher, und werden es vorziehen, abwechselnd logisch vorzugehen und herumzuspielen. Die aus den anderen Aufgaben gewonnenen Erfahrungen werden den Lösungsprozeß möglicherweise erleichtern oder ergiebiger machen, aber sie können auch ignoriert werden.

Denken kann auch ergiebig sein, ohne daß es bewußt kontrolliert wird. Wenn hier durch eine Reihe praktischer Aufgaben der Einblick in Denkprozesse vertieft werden soll, so ist der Zweck der Übung nicht eine erhöhte Kontrolle. Der Wert des bewußten Denkens besteht darin, daß Fehler und übertriebener Aufwand erkannt werden. Hat man diese Fehler erst erkannt, wird man sie in Zukunft wahrscheinlich vermeiden, auch ohne daß man sich eigens darum bemüht.

Schließlich ist es ja auch nicht nötig, Gesichtszüge nachzu-
messen und sorgfältige Vergleiche anzustellen, um ein
Gesicht wiederzuerkennen. Meistens genügt es, einen
Fehler *einmal* zu machen.

Lektionen werden nicht dadurch gelernt, daß man sich
der Möglichkeit bewußt ist, eine Lektion zu lernen, sondern
dadurch, daß man die Bedeutung der Lektion durch eigene
Erfahrung kennenlernt. Außer den am Ende jedes Tagesab-
schnitts eingefügten Schlußbemerkungen sollte jeder für
sich viele andere persönliche und vielleicht bessere Beobachtungen gesammelt haben. Diejenigen, die finden, daß
die Aufgaben zu leicht waren und darum keine Gelegenheit
boten, das eigene Denken zu beobachten, brauchen wahrscheinlich eine solche Gelegenheit nicht. Solche Leser
können sich immer noch damit amüsieren, nach Alternativlösungen zu suchen und alle Möglichkeiten auszuschöpfen.

Diejenigen, die finden, daß die bisherigen Aufgaben zu
schwer zu lösen waren, haben vielleicht etwas Einblick in die
Art dieser Schwierigkeiten gewonnen. Mangel an Vorstel-
lungsvermögen wird sich nicht so leicht beheben lassen,
aber wenn es einem nicht gelingt, aus Erfahrungen Prinzipien abzuleiten, oder wenn man zu schwerfällig ist, um aus
Erfahrungen ein Höchstmaß an Informationen herauszuho-
len, so läßt sich das durchaus ändern. Wenn die Schwierigkeit in zu großer Unbeweglichkeit besteht, kann man es sich
durch Übung zur Gewohnheit machen, die Dinge auf
verschiedenerlei Arten anzusehen.

Jede Aufgabe kann für sich betrachtet werden. Jede kann
als eine praktische Aufgabe angesehen werden, und bisher
gab es für alle klare, richtige Resultate. Die Richtigkeit des
Resultats hängt nicht von seiner Übereinstimmung mit den
hier vorgeschlagenen Lösungen ab, sondern davon, ob die
in der Aufgabe gestellten Bedingungen erfüllt sind. Um die

Lösungen zu ermitteln, bedurfte es keines technischen Wissens oder Könnens.

Statt sie getrennt zu betrachten, kann man die Aufgaben auch zusammen als eine Serie ansehen, bei der die aus einer Aufgabe gewonnene Erfahrung für die Lösung der nächsten nützlich (oder hinderlich) sein mag. Auf diese Weise bieten die Aufgaben Gelegenheit nicht nur zum Lösen von Problemen, sondern, was wichtiger ist, auch zum Umgang mit Erfahrungen. In der Praxis nimmt der Umgang mit Erfahrungen in unserem vom Zufall bestimmten Denken wahrscheinlich mehr Raum ein als das reine Lösen von Problemen.

Aber wartet man beim Lösen eines Problems passiv darauf, daß die Erfahrung ihre Hilfe anbietet, oder durchforscht man die Erfahrung bewußt nach solcher Hilfe? Übt die Erfahrung den gleichen Einfluß aus, wenn man sie dem Zufall verdankt, wie wenn man sie bewußt erworben hat? Ist es leichter, mit Erfahrungen umzugehen, wenn man sie systematisch nach allgemeinen Prinzipien ordnet? Das sind Fragen, auf die es keine definitive Antwort gibt. Nur die eigene Erfahrung kann sie beantworten. Bei manchen Menschen ordnet der Verstand die Erfahrungen unwillkürlich in dem Augenblick, da sie gemacht werden. Jede bewußte Bemühung, dies zu tun, würde nur störend wirken. Bei anderen Menschen scheint der Verstand wenig Nutzen aus den Erfahrungen zu ziehen, wenn nicht der Versuch unternommen wird, sie zu ordnen.

Bei manchen Menschen ist die Erfahrung für den Verstand leicht erreichbar, bei anderen ist sie nicht nutzbar, es sei denn, sie wird bewußt und sorgfältig ins Gedächtnis zurückgerufen. Nach der Beschäftigung mit den Aufgaben wird wohl jeder Leser eine deutlichere Vorstellung davon haben, wie sich sein Verstand verhält.

Lösung der zweiten Zwei-Flaschen-Aufgabe

Wäre die Aufgabe für sich allein gestellt worden, ohne die vorhergehenden Aufgaben, dann hätte die Lösung recht schwierig sein können. Da sie aber unmittelbar der ersten Zwei-Flaschen-Aufgabe folgt, dürfte die Lösung einfach sein. Die Anordnung der Messer wird auf Seite 39 gezeigt. Bemerkenswert an der Aufgabe ist, daß drei Messer ausreichen sollen, da doch zumindest zwei dazu verwendet werden müssen, der Brücke die erforderliche Länge zu geben.

Die Konstruktion ist weit stabiler als die Brücke aus vier Messern bei der letzten Aufgabe. Die Stelle, wo das Trinkglas placiert wird, ist in der graphischen Darstellung durch den roten, gestrichelten Kreis gekennzeichnet, da sie sonst vielleicht nicht ohne weiteres deutlich ist. Das Gewicht des Glases ruht tatsächlich auf dem nicht gestützen Messer. Mithin kann kein Zweifel daran bestehen, daß das Gewicht des Messers ausreicht, um das Wasserglas im Gleichgewicht zu halten.

Die winkelförmige Anlage der Brücke macht es leichter als bei der letzten Aufgabe, die Konstruktion auszubalancieren, selbst wenn die Messer keine flachseitigen Griffe haben.

Die Aufgabe kann gelöst werden, indem auf die Lösung der Drei-Flaschen-Aufgabe genau das gleiche Verfahren angewandt wird, das auf die Lösung der Vier-Flaschen-Aufgabe angewandt wurde, um die Brücke aus vier Messern zu bauen. Der Schlüssel könnte die Anzahl der Messer sein, auch wenn die asymmetrische Lösung der Drei-Flaschen-Aufgabe nicht erkennen läßt, daß ein Teil von ihr als Brücke angesehen werden kann (während bei der Vier-Flaschen-Situation möglicherweise eine Brücke zwischen den einander diagonal gegenüberstehenden Flaschen erkannt wurde).

Wird die nach oben gerichtete Stützung eines der Messer bei der Drei-Flaschen-Aufgabe dadurch in eine nach unten gerichtete Kraft verwandelt, daß man das Messer ganz herumschwenkt, ist die Aufgabe wie in der graphischen Darstellung gelöst. Mit einem der Messer bei der Drei-Flaschen-Aufgabe so zu verfahren, wie mit zwei Messern bei der Vier-Flaschen-Aufgabe verfahren wurde, ist gewiß kein großer Gedankensprung.

Die Brücke verläuft nicht in gerader Linie zwischen ihren Stützen, und diese ungewöhnliche, winkelförmige Anlage mag einige abgeschreckt haben, die sich überlegten, was geschehen würde, wenn eine der Stützen bei der Drei-Flaschen-Aufgabe entfernt würde. Erst wenn die veränderte Position des dritten Messers bedacht und die Möglichkeit offenbar wird, das Glas darauf auszubalancieren, läßt sich die Lösung bewerkstelligen.

In diesem Fall würde also die unmittelbare Anwendung eines spezifischen Verfahrens, das bei der Lösung einer anderen Aufgabe erfolgreich war, sehr rasch zur Lösung der vorliegenden Aufgabe geführt haben. Das allgemeine Prinzip, eine Stütze durch ein Gewicht zu ersetzen, hätte ebenfalls zum Erfolg verhelfen können, doch der Vorgang wäre nicht so unkompliziert gewesen.

Mehrere verschiedenartige Erfahrungen haben zur Lösung der Aufgabe in der beschriebenen Weise beigetragen. Die Ableitung der Lösung der ersten Zwei-Flaschen-Aufgabe von der Lösung der Vier-Flaschen-Aufgabe mußte auf die Lösung der Drei-Flaschen-Aufgabe angewandt werden. Praktisch haben also die Lösungen aller drei vorhergehenden Aufgaben zu dieser Lösung beigetragen.

Jemand könnte einwenden, daß die Lösung der Aufgabe weniger Mühe gemacht hätte, wenn sie eher von Prinzipien als von Erfahrungen abgeleitet worden wäre. Mancher mag die Aufgabe tatsächlich auf diese Weise gelöst haben. Daß die Lösung letzten Endes einfach war, bedeutet indes nicht, daß sie ohne die Hilfe der Erfahrung leicht zu finden gewesen wäre.

Die Aufgabe hätte so formuliert werden können: Wenn zwei Messer verwendet werden, um den Abstand zwischen zwei Flaschen, der eben über eine Messerlänge beträgt, zu überbrücken, wie kann dann ein drittes Messer dazu verwendet werden, die beiden anderen zu einer Konstruktion zu verbinden, die stark genug ist, um ein volles Wasserglas tragen zu können? So formuliert, wäre die Aufgabe sehr schwierig gewesen, obwohl die eigentliche Lösung einfach ist.

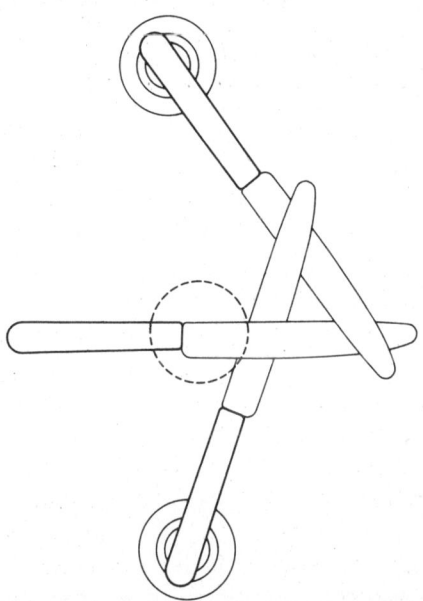

Lösung der zweiten Zwei-Flaschen-Aufgabe

Die Lösung dieser Aufgabe könnte zu den folgenden Schlußbemerkungen führen:

1. Die Wechselwirkung mehrerer gesonderter Erfahrungen kann für das Lösen einer Aufgabe eine entscheidende Voraussetzung sein.
2. Ein bei der Lösung einer anderen Aufgabe verwendetes spezifisches Verfahren läßt sich unter Umständen unmittelbar anwenden, ohne daß allgemeine Prinzipien herangezogen werden.
3. Ein Versuch, eine Aufgabe zu lösen, sollte nicht zu früh aufgegeben werden, weil er ungeeignet erscheint; vielmehr sollte der Versuch als Ganzes gesehen werden.
4. Die Art und Weise, wie eine Aufgabe gestellt wird, kann von großer Bedeutung dafür sein, wie leicht oder schwer sie gelöst wird.

DER FÜNFTE TAG

5. Aufgabe

Konstruieren Sie unter Verwendung aller vier Messer auf nur einer Flasche eine stabile Plattform. Keines der Messer darf den Boden berühren. Stellen Sie ein volles Wasserglas auf die Plattform. Die Plattform muß jedoch auch schon stabil sein, bevor das Glas daraufgestellt wird.

Bei dem Versuch, die Aufgabe zu lösen, werden manche vielleicht mit mehreren verschiedenen Anordnungen der Messer experimentieren, während andere nur einige wenige ausprobieren. Das hängt von der Phantasie eines jeden oder von der gewählten Methode ab. Die verschiedensten Ideen der Reihe nach durchzuspielen und immer noch weitere zu haben, die ausprobiert werden können, mag schließlich zu einer Lösung führen. Andererseits kann ein Übermaß an Ideen auch die Entwicklung einer logischen Betrachtungsweise beeinträchtigen.

Der Unterschied zwischen einem, der allem Anschein nach eine Unmenge Ideen zum Experimentieren hat, und einem, der keine einzige zu haben scheint, braucht nichts mit der Phantasie der beiden zu tun haben. Jemand, der seine Ideen schon in einem frühen Stadium einer logischen Kritik unterzieht, stellt vielleicht fest, daß nur wenige dieser Ideen sich bis zu einem Versuchsstadium behaupten werden. Es mag so aussehen, als spare man auf diese Weise Zeit und Mühe, doch kann es leicht geschehen, daß bei einer kursorischen logischen Prüfung auch eine zweckmäßige Idee verworfen wird. Überdies entspringen neue Ideen oft gerade dem Versagen anderer Ideen. Mit einer bestimmten

Anordnung der Messer schafft man es vielleicht nicht, aber wenn man sie etwas ändert, führt das womöglich zu einer ganz neuen Anordnung, auf die man nie gekommen wäre, hätte man die ursprüngliche Idee aus logischen Gründen verworfen, wie sie es verdiente. Das Experimentieren mit erfolglosen Ideen ist ebensosehr eine Quelle der Erfahrung wie das Demonstrieren der endgültigen Lösung.

Eine zunehmende Vertrautheit mit dem für eine Aufgabe nötigen Zubehör, das in diesem Fall die Messer sind, wird am besten durch den Umgang damit erreicht. Es gibt jedoch stets einen Punkt, wo das Herumprobieren unökonomisch wird und direkte logische Methoden an seine Stelle treten. Dieser Punkt wird bei jedem Versuch durch den nötigen Aufwand an Zeit, Energie und allem anderen bestimmt. Bei den hier behandelten Messer-Aufgaben mag er ziemlich spät erreicht werden, bei anderen dagegen wird es schon sehr früh soweit sein, besonders wenn jeder Versuch mit hohem Aufwand verbunden ist.

Die Alternative zum Ausprobieren von Ideen besteht darin, die früheren Erfahrungen sorgfältig daraufhin zu prüfen, ob sie irgend etwas enthalten, was einem Versuch mit der neuen Idee als ähnlich erachtet werden könnte. Dies kann allerdings irreführend sein, und wenn sich die Ähnlichkeit als unvollkommen erweist, geht vielleicht eine gute Idee verloren.

Es ist die Funktion der Logik, aus der Umwelt Regeln für die Umwelt abzuleiten. Mit solchen Regeln sollte es möglich sein, rein verstandesmäßig vorherzusagen, ob eine neue Idee zum Erfolg führen wird oder nicht. Der Wert solcher Regeln hängt von der logischen Fähigkeit des Verstandes und vom Ausmaß seiner Erfahrung ab. Doch kann man sich sowohl die Fähigkeit als auch die Erfahrung anderer zu eigen machen, indem man von ihnen lernt. Die Regeln

sinnvoll anzuwenden, bleibt eine persönliche Angelegenheit.

Sofern es eine logische Richtung gibt, in der man
vorgehen kann, und wenn das Herumprobieren unvorteil-
haft ist, dann dürfte es klug sein, logisch vorzugehen, bis sich
die Logik als unergiebig erweist. In Fällen, in denen es eher
auf Originalität als auf bestimmte Fähigkeiten ankommt, ist
die andere Methode vorzuziehen.

Beim Durcharbeiten dieser Aufgaben stellt sich vielleicht
heraus, ob der eigene Verstand mehr zu der logischen
Methode, zum Herumprobieren oder zu der Methode des
Zufalls neigt. Ferner kann man prüfen, wie leicht man von
einer Methode zur anderen überzuwechseln vermag.

Lösung der Eine-Flasche-Aufgabe

Außer der auf Seite 45 dargestellten Lösung mag es für diese
Aufgabe noch mehrere andere geben. Die graphische
Darstellung zeigt die Lösung von oben gesehen. Die beiden
inneren Kreise deuten den Rand der Flasche an, auf dem die
gesamte Konstruktion im Gleichgewicht ruht. Die Konstruktion ist stabil und trägt in der Mitte mühelos ein volles
Wasserglas.

Gerade diese Lösung wird gezeigt, weil sie sich unmittelbar aus den Erfahrungen ergibt, die bei den bisherigen
Aufgaben gewonnen wurden. Bei beiden Versionen der
Zwei-Flaschen-Aufgabe hing die Lösung von der Erkenntnis ab, daß eine Stütze durch die nach unten gerichtete
Kraft eines Messergriffs ersetzt werden kann. Daraus ergab
sich, daß ein oder zwei Messer in eine andere Position
gebracht werden mußten. Dasselbe Prinzip kann auf die
gesamte Konstruktion angewandt werden, die sich bei der
Lösung der Vier-Flaschen-Aufgabe ergab. Diese Aufgabe

führte zu einer Konstruktion, die von vier Flaschen gestützt wird und in der Mitte ein Gewicht trägt. Wird die ganze Konstruktion umgekehrt, dann tritt an die Stelle des Gewichts in der Mitte die einzige stützende Flasche, und das Gewicht der Messer ersetzt die vier stützenden Flaschen.

Bei der vorigen Aufgabe stellte sich ein spezifisches Verfahren, das sich als nützlich erwiesen hatte, wiederum als nützlich heraus. Im Gegensatz dazu erfordert die Lösung dieser Aufgabe, daß das spezifische Verfahren zurückverwandelt wird in mehr allgemeine Begriffe.

Dieselbe Lösung hätte auch ohne die Erfahrung der beiden Zwei-Flaschen-Aufgaben unmittelbar von der Vier-Flaschen-Aufgabe abgeleitet werden können. Dazu wäre jeder in der Lage gewesen, der die Vier-Flaschen-Konstruktion nicht als Zusammenspiel zwischen dem Gewicht eines Wasserglases und der Stützung durch vier Flaschen angesehen hätte, sondern einfach als zwei Kräftegruppen, von denen die eine in der Mitte der Konstruktion wirkt und die andere in entgegengesetzter Richtung an jedem der vier Eckpunkte.

Dies ist ein weiteres Beispiel dafür, wie ungeheuer wertvoll die Fähigkeit ist, nicht nur die äußere Erscheinung der Dinge zu sehen, sondern sie darüber hinaus auf verschiedenerlei Arten zu betrachten.

Viele werden die Aufgabe wie ein neuartiges Problem gelöst haben, ohne sich eine der bei den bisherigen Aufgaben gewonnenen unmittelbaren Erfahrungen zunutze zu machen, abgesehen vielleicht von einer gewissen Geschicklichkeit im Umgang mit den Messern. Ein solcher Weg kann, soweit es um das Finden einer Lösung geht, genauso zum Erfolg geführt haben, doch die Fähigkeit, aus Erfahrungen Nutzen zu ziehen, ist dabei nicht bewiesen worden.

Man könnte einwenden, wenn die Vier-Flaschen-Aufgabe zu der Zeit, als man sich mit ihr beschäftigte, schon nicht als ein Spiel von Kräften, die in entgegengesetzter Richtung wirken, angesehen wurde, dann sei es unwahrscheinlich, daß jemand sie rückblickend so betrachte. Eine Lösung vermittels früherer Erfahrungen zu interpretieren, sei nicht dasselbe, wie durch frühere Erfahrungen zu ebendieser Lösung zu gelangen.

Das ist richtig und unterstreicht, wie nützlich es ist, eine Erfahrung schon dann, wenn sie gemacht wird, möglichst in ihrer *ganzen* Bedeutung zu erkennen, nicht nur ihre unmittelbare Nützlichkeit.

Es ist immer möglich, die einschlägigen Erfahrungen zu durchforschen und zu versuchen, irgendeinen Zusammen-

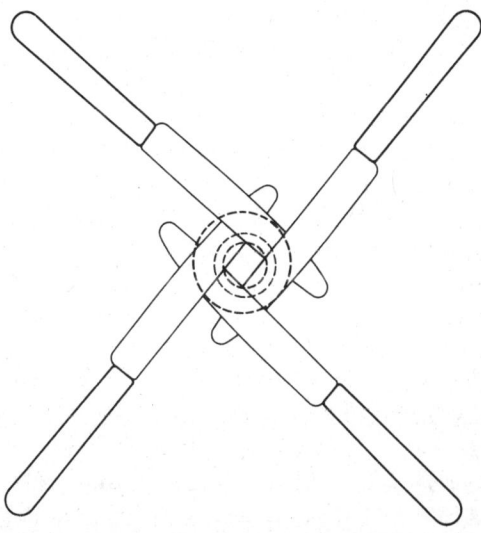

Lösung der Eine-Flasche-Aufgabe

hang mit der jeweils zur Debatte stehenden Aufgabe herzustellen.

Selbst wenn der Zusammenhang zwischen der Lösung der Vier-Flaschen-Aufgabe und der Lösung der Eine-Flasche-Aufgabe erst nachträglich hergestellt werden kann, so lohnt es sich doch, denn er unterstreicht ein allgemeines Prinzip, das Bestandteil der Erfahrung wird und sich später als nützlich erweisen mag.

In die Schlußbemerkungen zu diesem Abschnitt könnten die folgenden einbezogen werden:

1. Auf die richtige Weise betrachtet, bietet die Erfahrung noch immer weit mehr Informationen, als es zunächst den Anschein hat.
2. Die Nützlichkeit spezifischer Prinzipien verdeckt zuweilen die allgemeinen Prinzipien, die aus ihnen abgeleitet werden können.
3. Es ist nützlicher, Erfahrungen gleich, wenn sie gemacht werden, in ihrer ganzen Bedeutung zu erfassen, als sie rückblickend darauf zu untersuchen.
4. Allein aus der Beschäftigung mit einer Erfahrung kann eine neue Erfahrung erwachsen.

SCHLUSSBETRACHTUNG

Dieser Kurs war als Gelegenheit gedacht, zu denken und sich der Denkprozesse bewußt zu werden. Im Verlauf des Kurses dürfte wachsende Übung dieses Gewahrwerden noch lehrreicher gemacht haben.

Die Serie von fünf Aufgaben sollte absichtlich einfach zu lösen sein und doch eine gewisse Wendigkeit im Denken verlangen. Die Lösungen setzten keinerlei Fachwissen voraus, und einmal demonstriert, waren sie leicht zu verstehen.

Einzeln betrachtet, hätte jede Aufgabe ziemlich schwierig sein können. Da es jedoch eine zusammenhängende Serie war, konnten die aus den ersten Aufgaben gewonnenen Erfahrungen die Lösung der späteren erleichtern, sofern aus den Erfahrungen der größtmögliche Nutzen gezogen wurde.

Auf diese Weise wurde hoffentlich nicht nur die Fähigkeit, Aufgaben zu lösen, geübt, sondern auch die Geschicklichkeit im Umgang mit Erfahrungen, der ein sehr wesentlicher Bestandteil des Denkens ist.

Die Schlußbemerkungen waren in allen Fällen nur als Hinweise gedacht, die zu eigenen Beobachtungen ähnlicher Art anregen sollten. Etwas zu tun, ist sehr viel ergiebiger als bloß zuzuhören, denn Meinungen bildet man sich auf Grund eigener Erfahrungen.

Der zweite
Fünf-Tage-Kurs

Die Quader:
Konsequentes Denken

EINFÜHRUNG

Wäre es Ihnen nicht zuviel Mühe, würden Sie es vielleicht
für vernünftig halten, täglich ein paar gymnastische Übungen zu machen. Weit geringer ist die Mühe, wenn Sie sich
mit den Denkübungen des zweiten Fünf-Tage-Kurses
amüsieren.

Wie im ersten Kurs sind die Aufgaben in keinerlei
Hinsicht ein Test. Es macht wenig aus, ob Sie sie lösen –
wichtig ist, daß Sie es versuchen. Auch ist keine Eile
geboten. Wahrscheinlich könnten Sie alle Aufgaben in
einem Zug bewältigen. Wenn Sie das täten, wäre eine kleine
Portion Selbstzufriedenheit alles, was Sie von dem Buch
hätten. Wenn Sie dagegen, wie vorgeschlagen, jeden Tag nur
eine Aufgabe in Angriff nehmen, werden Sie Muße haben,
über Ihre eigenen Einblicke in die Art und Weise, wie Sie
sich mit den Aufgaben auseinandergesetzt haben, nachzu-
grübeln, und das wird Ihnen mehr geben als nur Selbstzufriedenheit.

Die Schlußbemerkungen sollen nicht etwas lehren,
sondern auf einige der Dinge hinweisen, die Sie sich leicht
selbst beibringen können, wenn Sie nur beobachten, wie Ihr
Verstand arbeitet. Es ist zu hoffen, daß der Kurs Ihnen Spaß
macht, denn es soll Ihnen nichts beigebracht werden, außer
daß es nützlich ist, sich selbst etwas beizubringen. Diese
Methode hat den Vorteil, daß Sie mit den Unzulänglichkeiten des Lehrers verschont werden.

In mancher Beziehung ähneln die hier gestellten Aufgaben denen des ersten Kurses; in anderer Hinsicht sind sie
absichtlich verschieden. Wie zuvor sind weder irgendwelche
Erfahrungen erforderlich noch sind irgendwelche speziellen
Kenntnisse von Vorteil. Wie zuvor ist jede Aufgabe in sich

abgeschlossen und zugleich Teil einer Serie. Eine Serie
bietet Gelegenheit, mit Erfahrungen umzugehen – ein sehr
notwendiger Bestandteil des Denkens. Der Hauptunterschied zu den Flaschen-Aufgaben besteht in der großen
Anzahl möglicher Wege. Bei den Flaschen-Aufgaben
konnten sie wenig tun, bevor Sie auf den richtigen Weg
stießen. Bei den Quader-Aufgaben ist es so leicht, einen
neuen Weg auszuprobieren, daß es schwierig ist, stillzusit-
zen und nichts zu tun.

Der erste und der zweite Kurs überschneiden sich bis zu
einem gewissen Grade. Da keine bewußte Anstrengung
verlangt wird, ist zu hoffen, daß die sanfte Methode der
Wiederholung genügt, um die wenigen Punkte hervorzuhe-
ben, die des Hervorhebens wert sind, und sie so Ihrem
Gedächtnis einzuprägen. Die Kurse können einzeln absol-
viert werden, und es ist nicht nötig, pflichtbewußt einen
nach dem anderen durchzuackern. Während im ersten Kurs
die Aufgaben eine plötzliche »Einsicht« zu erfordern
schienen, können im zweiten Kurs die Aufgaben durch eine
Gedankenfolge oder durch sukzessive Abwandlungen eines
Gedankens gelöst werden – durch konsequentes Denken.

Ausrüstung

Alles, was gebraucht wird, sind sechs quaderförmige Gegen-
stände von gleicher Größe. Als solche Quader können
dienen:
- Bücher (von gleicher Größe und Dicke, am besten
  Paperbacks)
- Zigarettenschachteln
- Streichholzschachteln
- Getreideflockenpackungen
- Waschpulverpackungen

Getreideflockenpackungen sind ideal, besonders wenn sie
unversehrt und unangebrochen sind. Würfelzucker ist nicht
zu empfehlen, da die Stück zu klein und ungleichmäßig sind.

Die Aufgaben

Bei jeder der Aufgaben müssen die sechs Quader nach
bestimmten Bedingungen angeordnet werden. Diese Bedingungen beziehen sich auf die Art und Weise, wie sich die
Quader berühren. Für die verschiedenen Anordnungen
gelten folgende Regeln:

1. Ein Quader »berührt« einen anderen Quader dann, wenn
   eine der Flächen oder ein Teil einer Fläche eines Quaders
   mit einer Fläche oder einem Teil einer Fläche des anderen
   Quaders »Kontakt« hat. Kontakt durch eine Ecke oder
   durch eine Kante wie in dem nebenstehenden Diagramm
   gilt in diesem Zusammenhang nicht als Berührung.
2. Jede Anordnung muß sich selbst tragen. Das heißt, die
   Anordnung der Quader muß in sich standfest sein und
   ihre Form behalten. Eine Anordnung, die mit der Hand
   oder irgendeinem Gegenstand zusammengehalten werden muß, gilt nicht.

Da allein der Leser über die Richtigkeit einer Lösung
befindet (nur einige der Lösungen können illustriert werden), ist es notwendig, daß jede Anordnung, die als Lösung
für eine Aufgabe gelten soll, sehr sorgfältig geprüft wird. Es
geschieht allzu leicht, daß eine Lösung als richtig angesehen
wird, die es in Wirklichkeit nicht ist. Als ich die Aufgaben mit
verschiedenen Leuten testete, wurden mir immer wieder
Lösungen vorgeführt, die sich bei genauer Prüfung als falsch
erwiesen. Um sicher zu sein, daß die Lösungen wirklich
richtig sind, sollten *der Reihe nach bei jedem einzelnen Quader*

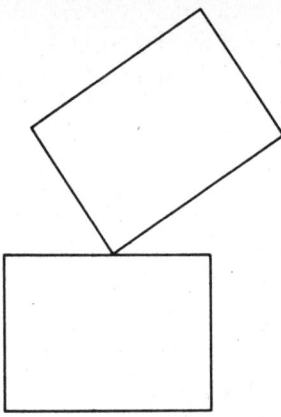

die Berührungsflächen gezählt werden. Auf diesen Vorschlag wird besonderer Nachdruck gelegt, denn eine falsche Lösung für richtig zu halten, ist der schlimmste Fehler, weil er nicht entdeckt werden kann.

DER ERSTE TAG

1. Aufgabe

Ordnen Sie die sechs Quader so an, daß jeder Quader zwei andere – und nur zwei andere – berührt.

Die Aufgabe ist nicht schwierig, und es sind mehrere Lösungen möglich. Wenn eine Lösung mit Leichtigkeit gefunden wird, kann anschließend nach den anderen gesucht werden. Es verschafft eine ästhetische Befriedigung, die einfachste Lösung, die möglich ist, zu finden – Schönheit zu entdecken, die in der Sparsamkeit der Mittel liegt. Da es für viele der Aufgaben Alternativlösungen gibt, können Sie, wenn Sie wollen, außer Ihrer Leistungsfähigkeit auch ihren Schönheitssinn üben.

Jeder wird auf andere Weise an die Aufgabe herangehen. Alle Wege sind richtig, sofern sie sich als zweckmäßig erweisen und zu einer Lösung führen. Das wichtigste ist jedoch nicht die Lösung, sondern daß man sich bewußt ist, wie man sie gefunden hat. Die Lösung kann sich so plötzlich einstellen, daß Sie vielleicht gar nicht genau wissen, wie Sie darauf gekommen sind. Doch werden Sie sich der Anordnung bewußt sein, bei der sich die Lösung ergeben hat.

Manche Menschen werden dasitzen, die Quader eine Weile anstarren und dann die Hand ausstrecken und sie in der richtigen Weise anordnen. Sie sehen den logischen Weg zur Lösung so deutlich vor sich, daß sie kaum zögern. Andere werden es vorziehen, mit den Quadern herumzuspielen, bis eine richtige Lösung auftaucht. Diese Methode des Zufalls kann sehr wirksam sein. Taucht die richtige Lösung nicht auf, ergibt sich doch vielleicht eine Anordnung, die so annähernd richtig ist, daß sie nur einer geringfügigen Abwandlung bedarf. Diese Methode scheint kinderleicht. Solange die Quader zu neuen Mustern hin und her geschoben werden, besteht auch eine Chance, daß etwas dabei herauskommt. Aber während es bei den Quadern einfach ist, immer weiter herumzuspielen und neue Muster hervorzubringen, kann es bei vielen anderen Aufgaben schwierig sein.

Der andere Teil der Zufallsmethode besteht in der sorgfältigen Prüfung dessen, was sich ergeben hat. Bei jeder neuen Anordnung muß, da sie durch Zufall zustande gekommen ist, genau festgestellt werden, ob sie wirklich eine Lösung ist oder nur einer Lösung nahekommt. Die Schnelligkeit und Genauigkeit, mit der dies ermittelt wird, kann entscheidend sein für den Erfolg oder das Versagen der Zufallsmethode. Bei zu langsamer oder zu nachlässiger Bewertung würde die Methode sehr unergiebig sein. Ich habe oft erlebt, daß Leute durch Zufall eine richtige Lösung zustande brachten und sie dann auf Grund mangelhafter Prüfung wieder verwarfen.

Möglicherweise kränkt es Sie, daß Ihnen hier nahegelegt wird, eine Aufgabe mit Hilfe einer vom Zufall bestimmten Methode zu lösen, die ein armseliger Ersatz für Logik und Verstand zu sein scheint. Möglicherweise behaupten Sie auch, es sei gar keine Zufallsmethode.

Eine richtige Zufallsmethode müßte erlauben, daß man die Quader aus dem Fenster wirft, in der Hoffnung, daß sie draußen auf der Erde ein richtiges Muster bilden. Die Chancen, daß es so käme, wären gering. Deshalb setzt man gewisse Grenzen, innerhalb derer der Zufall wirken soll. Die erste Grenze könnte sein, daß man die Quader innerhalb des Zimmers fallen läßt, die zweite, daß man sie auf den Tisch fallen läßt. Trotz dieser beiden Grenzen ist die

Wahrscheinlichkeit, auf solche Art und Weise eine richtige
Lösung zu erhalten, immer noch sehr gering – größer ist
einzig und allein die Bequemlichkeit der Prozedur gewor-
den. Die nächste Grenze, die gesetzt wird, ist, daß alle
Quader sich untereinander berühren sollten. Das bedeutet,
daß sie mit der Hand hin und her bewegt werden müssen
und nicht fallen gelassen werden dürfen. Es bleibt ein vom
Zufall bestimmtes Verfahren (es gibt kein fertiges Schema),
aber die Erfolgschancen sind ziemlich groß. Man kann sie
erhöhen, indem man weitere Grenzen setzt, aber das könnte
gefährliche Folgen haben, wie wir später sehen werden.

Es mag sein, daß Sie sich inzwischen entschlossen haben,
lieber als eine Zufallsmethode die erhabenere logische
Methode anzuwenden. Vielleicht haben Sie ja sogar schon
mindestens eine Lösung zuwege gebracht.

Lösung der 1. Aufgabe

Eine Lösung der Aufgabe wird gegenüber gezeigt. Diese
Lösung oder Variationen von ihr sind das Resultat, auf das
die meisten Leser gekommen sein werden. Es ist eine
Lösung, die sich mit rein logischen Mitteln mühelos finden
läßt.

Einer der möglichen Wege ist, sich ein Schema auszuden-
ken, bei dem jeder Quader zwei Nachbarn hat, einen vor sich
und einen hinter sich. Das naheliegende Ergebnis ist ein
Kreis.

Ein anderer Weg ist, die Quader zu einem einfachen
Muster zu ordnen und dann zu versuchen, dieses Muster
abzuwandeln, bis sich die Lösung ergibt. Ein solches Muster
könnte eine Reihe von sechs Quadern sein. In einer Reihe
hat jeder Quader zwei Nachbarn, außer den Endquadern,
die nur einen Nachbarn haben. Die Endquader können

miteinander in Berührung gebracht werden, indem man aus der Reihe einen Kreis macht. Damit ist die Aufgabe gelöst.

Eine sehr viel ungewöhnlichere Lösung wird auf der nächsten Seite gezeigt. Jeder, der diese Lösung zustande gebracht hat, kann sich zu einer gewissen Originalität seines Verstandes gratulieren. Das Besondere an der Anordnung ist, daß man aller Voraussicht nach mit Hilfe der Zufallsmethode nicht darauf käme. Eine der für die Zufallsanordnungen gesetzten Grenzen war wie gesagt, daß alle Quader sich untereinander berühren sollten. Diese Grenze ist notwendig, wenn überhaupt eine Hoffnung auf Erfolg bestehen soll. Bei der hier besprochenen Lösung berühren sich nicht alle Quader untereinander, vielmehr bilden sie zwei getrennte Gruppen. Die Gefahr der Zufallsmethode besteht darin, daß

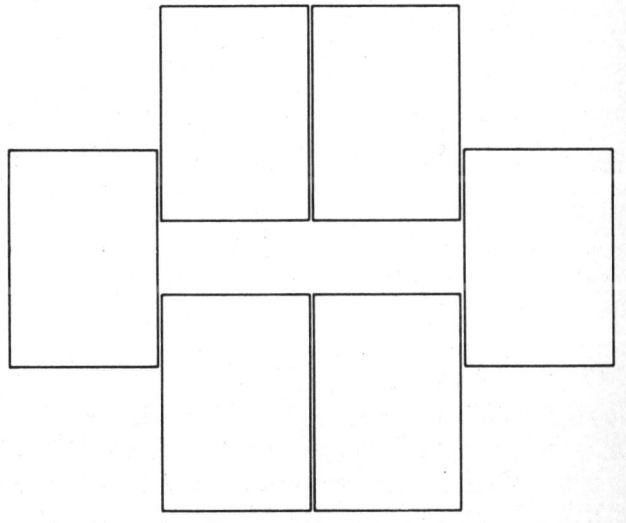

Erste Lösung der 1. Aufgabe

der Weg zu einer Lösung außerhalb der selbstgesetzten Grenzen liegen kann, denn diese Grenzen sind nicht mehr als eine Mutmaßung, in welcher Richtung die Lösung zu suchen ist.

Es gibt eine Anzahl anderer möglicher Lösungen. Zum Beispiel kann man den Kreis in der Vertikalebene konstruieren, indem man aus den Quadern einen »Torweg« baut. Doch unterscheidet sich eine solche Anordnung nicht wesentlich von dem in der ersten Lösung dargestellten Kreis.

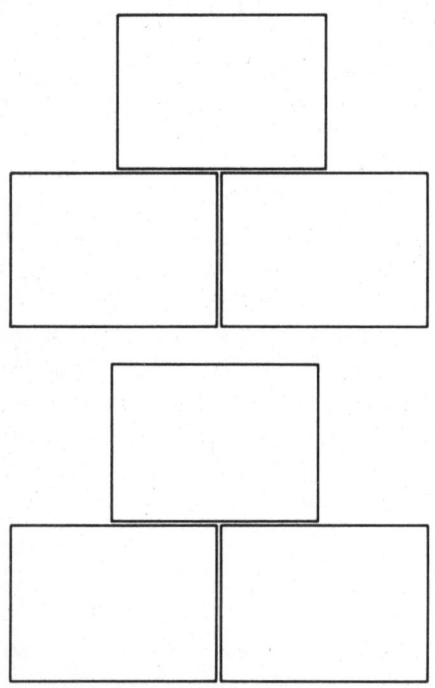

Zweite Lösung der 1. Aufgabe

Der eindeutige Vorzug der Kreis-Lösung gegenüber der anderen besteht darin, daß sie ein Prinzip begründet, nach dem beliebig viele Quader so angeordnet werden können, daß jeder einzelne zwei andere berührt. Die aus zwei Dreiergruppen bestehende Lösung dagegen gilt ausschließlich für sechs Quader. Ein allgemeines Prinzip abgeleitet zu haben, kann bei künftigen Aufgaben von Nutzen sein.

Die Schlußbemerkungen zum ersten Tag könnten folgendermaßen lauten:

1. Die Zufallsmethode ist eine durchaus akzeptable Methode, nach einer Lösung zu suchen.
2. Die Zufallsmethode schließt ein, daß viele mögliche Wege aufgetan werden und daß jeder neue Weg rasch bewertet wird.
3. Um die Erfolgschancen zu erhöhen, werden gewisse Grenzen gesetzt, innerhalb derer der Zufall wirken soll.
4. Die Grenzen, die für die Zufallsanordnungen gesetzt werden, können den Weg zu einer lohnenden Lösung versperren.
5. Ein logischer Weg kann sicher und wirksam sein, braucht aber nicht zu einer originellen Lösung zu führen.
6. Die Entdeckung eines allgemeinen Prinzips, das sich auf künftige Situationen anwenden läßt, kann wertvoller sein als eine Lösung, die nur auf die gerade vorliegende Aufgabe zugeschnitten ist.

DER ZWEITE TAG

2. Aufgabe

Ordnen Sie die Quader so an, daß jeder Quader drei andere – und nur drei andere – berührt.

Der nützliche Unterschied zwischen der 1. und der 2. Aufgabe besteht darin, daß eine der anderen folgt. Über die vielen Vorteile der Erfahrung wurde im ersten Fünf-Tage-Kurs ein Überblick gegeben, aber es kann nicht schaden, wenn Sie die hier vorgelegte Liste noch um Ihre eigenen Erkenntnisse ergänzen.

Der *erste* Vorteil der Erfahrung ist, daß sie Selbstvertrauen einflößt. Auch wenn es jeder Grundlage entbehrt (weil die erste Aufgabe so leicht war), kann ein solches Selbstvertrauen bei den anderen Aufgaben eine große Hilfe sein.

Der *zweite* Vorteil der Erfahrung ist, daß sie ein Fehler-Museum ist. In diesem Fall trifft das kaum zu, da niemand beim Lösen der ersten Aufgabe Fehler gemacht haben dürfte.

Der *dritte* Vorteil der Erfahrung ist, daß sie eine Quelle von Prinzipien darstellt. Solche Prinzipien sind unter Umständen nur allgemeine Mittel und Wege, eine Aufgabe zu bewältigen, aber sie können auch weitaus spezifischer sein und Lösungen für ganz bestimmte Arten von Aufgaben enthalten.

Der *vierte* Vorteil der Erfahrung ist, daß sie Anordnungen von Quadern bereithält, die zu einer Lösung für die gerade vorliegende Aufgabe abgewandelt werden können.

Wie weit verlassen Sie sich auf die Erfahrung? Wie weit versuchen Sie bewußt, sich Ihre Erfahrung zunutze zu machen? Das sind wahrscheinlich Fragen des persönlichen Stils und Temperaments. In mancherlei Weise übt die Erfahrung ihren Einfluß aus, auch wenn sie bewußt ignoriert wird. Fehler wird man kaum ein zweites Mal machen, auch wenn man sich nicht im geringsten bemüht, daran zu denken. Andererseits ist es ein bewußter Vorgang, wenn man nach einer früheren Anordnung sucht, die als geeigneter Ausgangspunkt für die Lösung der zur Debatte stehenden Aufgabe dienen könnte.

Die abwandelnde Methode ist Bestandteil der meisten Versuche, Aufgaben zu lösen. Sie können sie von vornherein anwenden oder auch erst, wenn eine beliebige andere Methode Sie der endgültigen Lösung so nahe gebracht hat, daß Sie sich auf den noch bestehenden Unterschied konzentrieren können. Die ganze Methode besteht aus einem Scharfeinstellen der Aufmerksamkeit auf diesen Unterschied und aus den darauffolgenden Versuchen, ihn zu vermindern. Wenn die Erfahrung eine als Ausgangspunkt geeignete Anordnung bereithält, kann die abwandelnde Methode von Anfang an verwendet werden.

Ob Sie die Anordnungen, die Sie bei der ersten Aufgabe kennengelernt haben, lieber ignorieren oder ob Sie es vorziehen, eine von ihnen als bequemen Ausgangspunkt zu benutzen – es wird jetzt eine überlegte und bewußte Entscheidung sein.

Lösung der 2. Aufgabe

Die hier gezeigten Lösungen können ebenso durch rein logische Bemühungen wie durch die abwandelnde Methode oder durch Zufall erzielt werden. Die Beschreibung des hier eingeschlagenen Weges deutet auf logisch-progressives Vorgehen hin, das sich nachträglich, wenn die

Aufgabe gelöst ist, leicht skizzieren läßt, beim Lösen der
Aufgabe selbst aber nicht so ohne weiteres möglich ist.

   Die Lösung unten könnte auch mit Hilfe der abwandeln-
den Methode gefunden werden. Geht man von der
kreisförmigen Anordnung (Seite 57) aus, so müßte man auf
beiden Längsseiten zwei einander gegenüberliegende Quader herausnehmen und die Endquader zusammenschieben,
so daß sich eine Anordnung von vier Quadern ergibt, von
denen jeder zwei andere berührt. Bei diesem Verfahren
besteht die Aufgabe aus zwei Teilen: zuerst ordnen Sie vier
Quader so an, daß jeder zwei andere berührt; dann fügen Sie
die beiden anderen Quader so hinzu, daß jeder drei andere
berührt. Die beiden zusätzlichen Quader werden über die
einander gegenüberliegenden Verbindungen der Vier-
Quader-Anordnung gelegt, und zwar so, daß jeder dieser

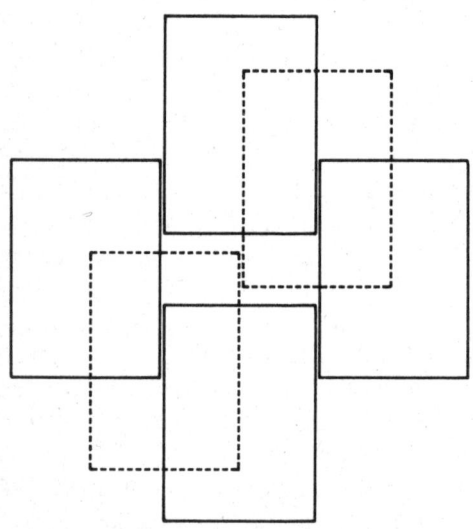

Erste Lösung der 2. Aufgabe

vier Quader jetzt drei andere berührt. Dann werden die zusätzlichen Quader miteinander in Berührung gebracht. Auf diese Weise berühren beide je drei andere Quader, und die Aufgabe ist gelöst.

Eine andere, elegantere Lösung, die zugleich viel einfacher ist, ergibt sich aus der zweiten Lösung der 1. Aufgabe. Diese Lösung (Seite 58) bestand aus zwei Dreiergruppen, in denen jeder Quader zwei andere berührt. Wird eine solche Gruppe unmittelbar auf die andere gelegt, berührt jeder Quader seine beiden Nachbarn wie zuvor und zusätzlich einen weiteren Quader unter oder über sich (Seite 64 oben). Auf dieselbe Lösung wäre man auch gekommen, hätte man drei Stapel von je zwei Quadern zusammengeschoben. Es ist merkwürdig, daß die Lösung, die zunächst weniger brauchbar schien (da sie kein allgemeines Prinzip erbrachte), sich plötzlich als brauchbarer erweist. Niemand hätte das vorhersagen können. Es kommt manchmal vor, daß eine glückliche Wahl der Lösung später ganz unverdiente Vorteile bringt.

Einige wenige werden vielleicht die auf Seite 64 unten gezeigte Lösung gefunden haben. Diese Lösung ist interessant, denn sie läßt sich, wie Sie sogleich bemerken werden, von beiden beschriebenen Wegen ableiten. Auf die eine Weise betrachtet, besteht die Anordnung aus zwei Dreiergruppen (diesmal in der Vertikalebene), die senkrecht aufeinandergesetzt worden sind. Dagegen ziehen Sie es vielleicht vor, sie zunächst als eine Anordnung von vier Quadern zu betrachten, von denen jeder zwei andere berührt, da Eckkontakte ja nicht zählen. Diese Anordnung wird dann durch Hinzufügen der beiden anderen Quader entsprechend abgewandelt.

Statt der hier vorgeschlagenen Lösungen haben Sie vielleicht etwas ganz anderes zustande gebracht, eine Anordnung, die eigenartig oder eleganter ist.

In die Schlußbemerkungen zum zweiten Tag könnten die folgenden einbezogen werden:

1. Manchmal kann es sich als nützlich erweisen, eine Aufgabe zu teilen und erst die eine Hälfte und dann die andere zu bewältigen.

2. Unter Umständen ist es ebenso leicht, ganz von vorn anzufangen, wie eine schon einmal verwendete Anordnung abzuwandeln.

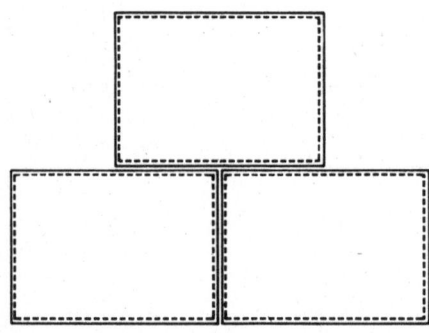

Zweite Lösung der 2. Aufgabe

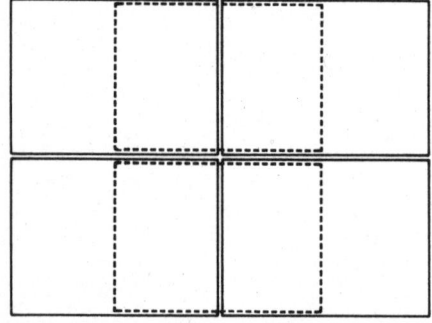

Dritte Lösung der 2. Aufgabe

3. Eine glückliche Wahl der Lösung macht das Lösen späterer Aufgaben zuweilen sehr viel einfacher.

4. Scheinbar voneinander verschiedene Lösungen brauchen nicht wirklich verschieden zu sein.

5. Es kann sein, daß zwei ganz verschiedene Wege zu ein und derselben Lösung führen.

DER DRITTE TAG

3. Aufgabe

Ordnen Sie die sechs Quader so an, daß jeder Quader vier andere und nur vier andere berührt.

Woran liegt es, daß es überhaupt Zeit braucht, Aufgaben zu lösen? Woran liegt es, daß Sie nicht einfach die Hand ausstrecken und die Quader ohne Zögern richtig anordnen können – wie manche Leser es bei der 1. Aufgabe getan haben werden?

Die Quader-Aufgaben sind in einer wichtigen Hinsicht das genaue Gegenteil der Flaschen-Aufgaben: jede der beiden Aufgabenarten beleuchtet *einen* Aspekt der Frage, warum es seine Zeit braucht, Aufgaben zu lösen.

Bei den Flaschen-Aufgaben war es schwierig, auch nur den geringsten Fortschritt zu machen, bis gleichsam in einer plötzlichen Erleuchtung die vollständige Lösung auftauchte. Es ging darum, auf die richtige Idee zu warten, abzuwarten, daß sich der richtige Weg zur Lösung herauskristallisierte. Es gab nicht viele verschiedene Wege, die ausprobiert werden konnten.

Bei den Quader-Aufgaben ist es anders. Es ist höchst einfach, mit den Quadern neue Ideen auszuprobieren. Die Quader brauchen dazu nur hin und her geschoben zu werden. Es ist auch nicht nötig, auf neue Ideen zu warten. Im Gegenteil, die Schwierigkeit bei den Quader-Aufgaben besteht darin, daß es zu einfach ist anzufangen. Infolgedessen werden leicht falsche Richtungen eingeschlagen. Und wenn man eine falsche Richtung eingeschlagen hat, entfernt man sich von der Lösung, statt sich ihr zu nähern. Ist die für den Anfang gewählte Anordnung falsch, kann es sein, daß die Aufgabe dadurch schwieriger wird. Bei den Quader-Aufgaben ist man verwirrt von der großen Anzahl möglicher Wege. Wie kann man sicher sein, daß man den richtigen Anfang macht?

Am Anfang scheint jeder Weg richtig zu sein. Auch wenn man sich nicht über alle Schritte im klaren ist, hat man doch stets ein gutes Gefühl, das Gefühl, daß dies der Weg zur Lösung sein müsse. Falls der Weg im Sande verläuft oder falls man nicht mehr vorankommt, folgt eine kurze Periode der Niedergeschlagenheit, bis sich ein neuer Weg anbietet. Dann stellt sich die Begeisterung wieder ein, denn der neue Weg muß doch der richtige sein. Und so ist es bei jedem neuen Weg.

In irgendeinem Stadium beim Lösen dieser Aufgaben werden Sie feststellen, daß alle Ihre Versuche anscheinend deshalb mißlingen, weil die Quader flach auf dem Tisch liegen. Plötzlich wird Ihnen die brillante neue Idee kommen, daß die Quader hochkant hingestellt werden müssen. Der Umstand, daß die Idee neu ist, scheint der Schlüssel zu dem Problem zu sein.

Kein überzeugender Grund rechtfertigt die Annahme, daß hochkant stehende Quader besser sind, und trotzdem läßt die bloße Tatsache, daß der Weg neu ist, den Erfolg sicher erscheinen. Viele glauben auch, daß sich die Aufgaben aus irgendeinem Grund nicht auf naheliegende Weise lösen lassen (sonst wären sie nicht gestellt worden). Folglich hat die Idee, die Quader hochkant zu stellen, für sie einfach deshalb einen gewissen Wert, weil sie nicht naheliegt.

Ich sah einmal jemandem zu, der die ganze Aufgabenserie mit hochkant stehenden Quadern löste. Es war absolut nichts dadurch gewonnen, daß er es auf diese Weise tat. Es bedeutete nur, daß er anders aussehende (höhere und sehr viel schmalere) Quader verwendete. Mit solchen Quadern hätte er alles tun können, was man mit flachen Quadern tun könnte, aber es war weitaus schwieriger. Sein Vorgehen war ein gutes Beispiel für die Gefahren eines gerade nur hinlänglichen Verfahrens: ein Weg, der zu einer Lösung führt, wird, auch wenn er mehr Schwierigkeiten bietet, weiterverfolgt. Falls Sie nicht eine ganz große Ausnahme sind, würden Sie wahrscheinlich auch nicht gern einen erprobten Weg aufgeben, um nach einem besseren zu suchen. So mag der anfängliche Erfolg am Ende zum Nachteil geraten.

Ich hoffe, daß dieser Exkurs über die Verwendung hochkant stehender Quader Sie nicht davon abhalten wird, die Quader auf diese Weise zu verwenden, sofern das irgendeinen Vorteil zu bieten scheint. Trotz der hier angestellten Betrachtungen ist die Tatsache, daß ein Weg neu ist, stets ein ausreichender Grund, ihn auszuprobieren.

Lösung der 3. Aufgabe

Die gegenüber gezeigte Lösung ist unverkennbar ein Abkömmling einer Lösung der vorigen Aufgabe (Seite 64 oben), und jene Lösung wiederum stammte von einer früheren Lösung her. Alle drei Lösungen basieren auf der Verwendung der als Grundlage wichtigen Dreiergruppe. Es handelt sich hier also um ein grundsätzliches Verfahren – Sie können es ein allgemeines Prinzip nennen oder auch nicht.

Diese Lösung kann auf rein logischer Weise von der zweiten Lösung der 2. Aufgabe abgeleitet werden. Vielleicht haben Sie das sogar getan oder finden es jetzt doch schmeichelhaft, so zu tun, als wären Sie wirklich auf diese Weise vorgegangen.

Bei der zweiten Lösung der vorigen Aufgabe berührte

jeder Quader seine beiden Nachbarn in der Dreiergruppe und noch einen weiteren Quader (über oder unter sich). Um die Bedingungen der 3. Aufgabe zu erfüllen, ist nichts weiter erforderlich, als dafür zu sorgen, daß jeder Quader *zwei* weitere über oder unter sich berührt. Dieses Ziel ist in der hier besprochenen Lösung der 3. Aufgabe erreicht.

Ich selbst habe die Lösung der 3. Aufgabe von der zweiten Lösung der 2. Aufgabe auf eine weit weniger logische, aber vermutlich glaubhaftere Weise abgeleitet. Ich wählte, als ich die 3. Aufgabe lösen wollte, bewußt die frühere Anordnung und betrachtete sie dann einfach eine Weile. Dann dachte ich, es müßte interessant sein zu sehen, was geschehen würde, wenn ich die obere Dreiergruppe herumdrehte. Es war reine Spielerei, in der Absicht, etwas Neues um seiner selbst willen auszuprobieren. Als ich die obere Gruppe herumgedreht und etwas verschoben hatte, damit sie im Gleichgewicht blieb, stellte sich heraus, daß die Aufgabe gelöst war. Es war eine zufällige und spielerische Abwandlung einer früheren Lösung und kein logischer Weg.

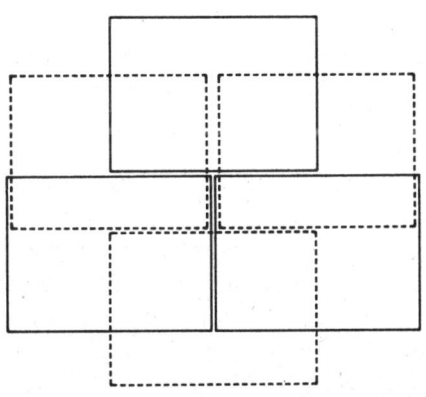

Erste Lösung der 3. Aufgabe

Diejenigen, die es vorgezogen haben, den Dreiergruppen-Weg zu vermeiden, sind vielleicht zu der unten gezeigten Lösung gelangt. Jeder Leser wird sogleich bemerken, daß die beiden Seitenquader tatsächlich hochkant stehen. Es gibt viele Möglichkeiten, auf diese Lösung zu kommen, und es kann ebenso gut sein, daß ein anderer als der im folgenden angedeutete Weg beschritten wurde.

Eine Möglichkeit, Quader so anzuordnen, daß einer vier andere berührt, besteht darin, daß man vier zu einer geschlossenen Gruppe, wie sie auf Seite 64 unten gezeigt wurde, zusammenfügt und dann den einen oben auf die Gruppe legt, und zwar so, daß er den Schnittpunkt der Verbindungen bedeckt. Bei einer solchen Anordnung berührt der Quader oben vier andere, und die übrigen berühren drei andere. Fünf Quader sind verwendet. Der naheliegende nächste Schritt (außer im Rückblick ist er vielleicht gar nicht so naheliegend) besteht darin, den sechsten Quader *unter* den Schnittpunkt der Verbindungen zu legen. Auf diese Weise berührt der sechste Quader vier andere, und die übrigen berühren jetzt $3 + 1 = 4$. Leider

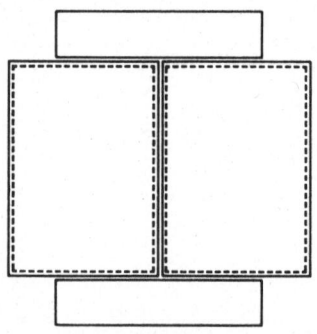

Zweite Lösung der 3. Aufgabe

dürfte es schwierig sein, diese Konstruktion ins Gleichgewicht zu bringen, und eine der Regeln lautet, daß jede
gültige Anordnung sich selbst halten muß. Um das zu
erreichen, wird die ganze Angelegenheit auf die Seite
gedreht oder besser noch in der Vertikalebene rekonstruiert.
Betrachtet man die nebenstehend dargestellte Anordnung
von der Seite, sieht man, daß die Seitenquader eine
Anordnung von vier anderen Quadern »krönen«, eine
Krone auf jeder Seite.

Schlußbemerkungen zum dritten Tag:

1. Ist eine Aufgabe schwer zu lösen, so kann Ideenmangel
   oder ein Zuviel an Ideen der Grund dafür sein. Die Wahl
   einer falschen Richtung kann von der Lösung wegführen.
2. Wenn ein Weg neu ist, so ist das ein ausreichender Grund,
   ihn auszuprobieren.
3. Es sollte versucht werden, ein nur hinlängliches Verfahren gegen ein besseres einzutauschen.
4. Es lohnt sich stets, ein Verfahren allgemeiner Art, das bei
   früheren Aufgaben zum Erfolg geführt hat, erneut
   auszuprobieren.
5. Das Abwandeln einer früheren Lösung mit Hilfe zufälli-
   ger und spielerischer Methoden kann ebenso wirksam
   sein wie logisches Abwandeln (das »Was-geschieht-wohl-
   wenn-Verfahren«).
6. Der Versuch, eine Aufgabe Stück für Stück zu lösen, kann
   erfolgreich sein.

DER VIERTE TAG

4. Aufgabe

Ordnen Sie die sechs Quader so an, daß jeder fünf andere berührt.

Diese Aufgabe ist nicht einfach. Wenn Sie sie mit Leichtigkeit lösen, dürfen Sie sich zur Brillanz Ihres Denkens gratulieren. Wenn Sie bei der Lösung Schwierigkeiten haben, können Sie sich mit dem Gedanken trösten, daß fast jeder andere genausoviel Schwierigkeiten haben wird.

Ob Sie bei dieser Aufgabe eine logische oder eine Zufallsmethode wählen, ob Sie eine frühere Lösung abwandeln oder ganz neu anfangen wollen – wichtig ist, daß Sie sich entweder bewußt für einen Weg entscheiden oder aber den Weg, auf den Sie geraten, genau kennen.

Obwohl die Zufallsmethode die mühelosere sein mag, kann sie auch umständlich sein, da Sie ja jede Anordnung prüfen müssen. Die eine Möglichkeit, festzustellen, ob eine Anordnung richtig ist, besteht darin, sorgfältig die Kontakte jedes einzelnen Quaders zu zählen. Eine solche Prüfung ist *unerläßlich,* ehe irgendeine Anordnung als Lösung ausgegeben wird. Doch ließe sich das Verfahren mit Hilfe eines einfacheren Vortests beträchtlich beschleunigen. Diesem einfachen Test könnten die vom Zufall hervorgebrachten Anordnungen unterzogen werden; die vollständige Prüfung wäre nur dann noch erforderlich, wenn eine Anordnung den einfacheren Auslesetest bestanden hat. Der Auslesetest könnte in der Prüfung einer einzigen Bedingung bestehen, die erfüllt werden muß, oder einer einzigen Bedingung, die vermieden werden muß. Wenn Sie vorhaben, die Zufallsmethode anzuwenden, könnten Sie sich selbst einen solchen Test ausarbeiten. Es lohnt die Mühe, denn ein derartiges Testverfahren kann das »Denken aufs Gerate-wohl« erheblich beschleunigen; in einer Situation, wo einem die Ideen nur so zufliegen, sollte das Prüfen dieser Ideen nicht zu zeitraubend sein.

Obgleich es Ihnen widerstreben mag, die Zufallsmethode anzuwenden, sollten Sie sich daran erinnern, daß sie der logischen Methode gegenüber einen speziellen Vorteil hat: ein Großteil der Schwierigkeiten beim Lösen der Quader-Aufgaben entsteht daraus, daß man die falsche Richtung einschlägt, und die Zufallsmethode ist die Methode ohne Richtung. Mit anderen Worten: jeder Schritt ist bei ihr unabhängig von den vorhergehenden Schritten (im Gegen-satz zur logischen Methode).

Dennoch werden Sie unbeirrt bei Ihrer Überzeugung bleiben, die Zufallsmethode sei minderwertig und die Zuflucht derjenigen, deren Logik nicht ausreicht, um mit der Aufgabe fertig zu werden.

Logik ist unter Umständen aus einem ganz anderen Grund nicht der beste Weg, mit einer Aufgabe fertig zu werden. Manchmal kommt man beim Aufgabenlösen an einen Punkt, wo es einer völlig neuen Idee bedarf. Auch die größte Anstrengung wird nicht ausreichen, um die Aufgabe nach den alten Richtlinien zu lösen. Da die Idee völlig neu sein soll, kann sie nicht von dem abgeleitet werden, was bis dahin getan wurde. Die Logik kann eine solche Idee ebensowenig vermitteln, wie Sie sich an Ihren Schnürsen-keln hochziehen können. Allerdings ist es nur recht und billig, wenn man hinzufügt, daß das, was dem einen wie eine völlig neue Idee vorkommt, von jemandem, der die Aufgabe auf andere Weise betrachtet, logisch abgeleitet worden sein kann.

Lösung der 4. Aufgabe

Ehe wir uns der Lösung zuwenden, wollen wir einen
Auslesetest prüfen, ein Schnellverfahren, das bei allen
vorläufigen Anordnungen hätte angewandt werden können. Da sechs Quader vorhanden sind und jeder fünf andere
berühren muß, lautet die Bedingung, einfach ausgedrückt,
daß jeder Quader *alle* anderen berühren muß. Jede Anordnung, bei der auch nur zwei Quader voneinander getrennt
sind, *muß* daher falsch sein. Das ist nicht nur ein sehr
schnelles Testverfahren, sondern auch sehr viel weniger
mühsam, als die Kontakte jedes einzelnen Quaders zu
zählen.

Daß die beiden im folgenden beschriebenen Wege ihrer
Natur nach mehr oder weniger logische Wege sind, soll nicht
besagen, daß die Zufallsmethode unzweckmäßig ist, sondern nur, daß es dazu nichts weiter zu erklären gibt. Bis zu
einem gewissen Grade ist selbst die logische Methode in
irgendeinem Stadium Herumprobieren.

Beim Aufgabenlösen neigen die meisten Menschen zu
dem Versuch, die Ausgangssituation zu verändern, bis sie
zur gewünschten Endsituation wird – zur Lösung. Oft ist es
nützlich, die Endsituation in die Ausgangssituation zurück-
zuverwandeln.

Legt man einen der Quader beiseite, besteht das Problem
darin, die fünf anderen Quader so anzuordnen, daß jeder alle
anderen berührt. Das ist der erste Teil der Aufgabe. Der
zweite Teil besteht dann darin, den sechsten Quader so
hinzuzufügen, daß er alle Quader der Fünf-Quader-
Anordnung berührt. Auf diese Weise berührt er fünf
Quader, und alle anderen werden $4+1=5$ berühren. Um die
so geänderte Aufgabe zu lösen, geht man von der ursprüng-
lichen Dreiergruppe aus und legt einen Quader über die

Verbindung, so daß sich eine Vier-Quader-Anordnung ergibt, bei der jeder Quader drei andere berührt. Der fünfte Quader muß jetzt so hinzugefügt werden, daß er alle anderen berührt. Das allerdings ist ohne eine neue Idee nicht möglich.

Die neue Idee besteht darin, die Quader diagonal zu legen. Bei allen bisherigen Anordnungen wurde die für Quader natürliche und symmetrische Art der Anordnung gewählt, das heißt, alle ihre Kanten verliefen parallel oder im rechten Winkel zueinander, und jeder Quader war recht-winklig nach den anderen ausgerichtet. Die Idee einer diagonalen Anordnung taucht gewöhnlich beim Herum-spielen mit den auf der Dreiergruppe liegenden Quadern auf, durch das man zu erreichen versucht, daß beide Quader alle drei unteren berühren. Vielleicht behaupten Sie aber auch lieber, Sie seien mit logischen Mitteln auf die Idee gekommen.

Wenn die Fünfergruppe (unten) angeordnet ist, folgt der

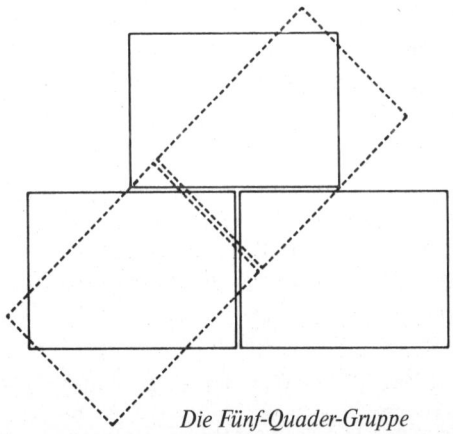

Die Fünf-Quader-Gruppe

letzte Schritt zur Lösung: der sechste Quader wird so hinzugefügt, daß er mit den oben liegenden Quadern eine Dreiergruppe bildet, und dann wird diese Gruppe hin und her geschoben, bis jeder obere Quader alle unteren berührt. Praktisch ist nichts weiter erforderlich, als die beiden Quader ein Stück in eine bestimmte Richtung zu schieben und dann den sechsten Quader hinzuzufügen.

Ein völlig anderer Weg wäre es, wenn man sich überlegte, daß die größte Anzahl von Quadern, die sich auf *einer* Ebene in *einer* Verbindung treffen können (nämlich so, daß jeder alle anderen berührt), drei ist. Daraus ergibt sich die bereits vertraute Dreiergruppe. Wenn eine Dreiergruppe auf eine andere Dreiergruppe gelegt wird (wie bei den entsprechenden Lösungen der 2. und der 3. Aufgabe), dann besteht das Verfahren darin, die Verbindungen der Gruppen in der richtigen Weise anzuordnen. Die Aufmerksamkeit hat sich von den Quadern auf ihre Verbindungen (T-förmige Verbindungen) verlagert. Eine solche Verlagerung der Aufmerksamkeit kann oft der Schlüssel zur Lösung einer Aufgabe sein. Die Quader selbst brauchen nicht länger

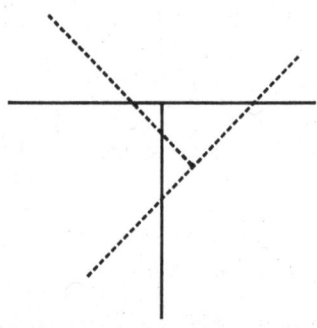

Die T-Verbindung

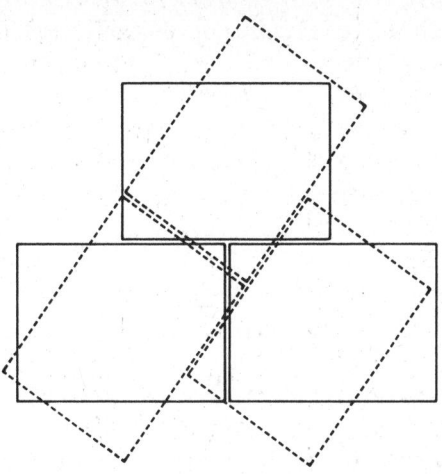

Lösung der 4. Aufgabe

verwendet zu werden – denn sie sind jetzt mehr ein Hindernis als eine Hilfe. Eine T-Verbindung wird auf ein Stück Papier gezeichnet, und dann wird eine zweite T-Verbindung in der Weise darüber gezeichnet, daß die Linien des oberen T die des unteren an vier Punkten schneiden. Das bedeutet, daß jeder Quader der oberen Gruppe über zwei Verbindungen der unteren Gruppe und damit über drei Quadern liegt.

Eine solche Anordnung ist auf der linken Seite dargestellt. Die endgültige Lösung der 4. Aufgabe wird auf dieser Seite gezeigt.

In die Schlußbemerkungen zum vierten Tag könnten die folgenden einbezogen werden:

1. Ein Auslesetest, mit dessen Hilfe sich die Brauchbarkeit eines neuen Weges schnell prüfen läßt, kann das Lösen

einer Aufgabe beträchtlich beschleunigen, besonders wenn die Zufallsmethode angewandt wird.

2. Manchmal bedarf es einer völlig neuen Idee, ehe die Aufgabe gelöst werden kann.

3. Es ist nicht möglich, eine neue Idee von den alten Vorstellungen logisch abzuleiten; sie muß vielmehr von außen kommen oder sich durch Zufall ergeben.

4. Beim Lösen einer Aufgabe ist es oft eine Hilfe, wenn die Endsituation nach und nach in die Ausgangssituation zurückverwandelt oder wenn die Ausgangssituation nach und nach in die Endsituation verwandelt wird.

5. Auch bei Anwendung einer logischen Methode kann es Augenblicke geben, in denen der nächste Schritt durch Herumspielen mit der Ausrüstung ermöglicht wird.

6. Verlagert sich die Aufmerksamkeit von einem Aspekt der Situation auf einen anderen, so kann das durchaus zu einer Lösung führen.

7. Selbst wenn sich die Aufgabe unmittelbar bewältigen läßt, kann es doch nützlich sein, mit Bleistift und Papier einen Plan auszuarbeiten.

DER FÜNFTE TAG

5. Aufgabe

Ordnen Sie die sechs Quader folgendermaßen an:

- ein Quader darf nur einen anderen berühren
- ein Quader darf nur zwei andere berühren
- ein Quader darf nur drei andere berühren
- ein Quader darf nur vier andere berühren
- ein Quader darf nur fünf andere berühren

Diese Aufgabe scheint sehr viel komplizierter zu sein als die vorhergehenden. In Wirklichkeit sind weniger Bedingungen zu erfüllen als bei den anderen Aufgaben, da nur die Beziehungen von fünf Quadern festgelegt sind, während bei den früheren Aufgaben für alle sechs Quader Bedingungen vorgeschrieben waren.

Der Hauptunterschied ist, daß für jeden Quader eine andere Bedingung gestellt wird, statt daß die Bedingungen für alle die gleichen sind. Ob das die Aufgabe leichter oder schwerer macht, müssen *Sie* selbst entscheiden oder vielmehr herausfinden.

Auf den ersten Blick scheint sich für diese Aufgabe ein Vorgehen in Etappen anzubieten. Die Etappen-Methode ist nichts weiter als ein Name für die Art und Weise, wie die meisten Menschen gewöhnlich an eine Aufgabe herangehen. Die gestellten Bedingungen werden eine nach der anderen erfüllt, und wenn die letzte in der Liste abgehakt ist, ist die Aufgabe gelöst. Wenn viele Bedingungen zu erfüllen sind oder wenn es so aussieht, als sei die Aufgabe kompliziert, dürfte das oft der beste Weg sein. Nun, Sie werden es möglicherweise vorziehen, jede solcher Aufga-

ben als Ganzes zu behandeln, und deshalb werden Sie sich
nicht darauf konzentrieren, sie in ihre Bestandteile zu
zerlegen, sondern bestrebt sein, sie zu vereinfachen und
zugleich unversehrt zu erhalten.

Der Nachteil der Etappen-Methode ist, daß manche
Aufgaben sich nicht in Abschnitten bewältigen lassen.
Wenn alle Bestandteile der Lösung untereinander zusam-
menhängen, ist es nicht möglich, die Lösung Teilchen für
Teilchen zusammenzusetzen. Von dieser Art sind die
Flaschen-Aufgaben.

Ein weiterer Nachteil der Etappen-Methode ist, daß die
Reihenfolge, in der die einzelnen Etappen in Angriff
genommen werden, entscheidend sein kann. Geht man in
der falschen Reihenfolge vor, kann sich die Lösung als
schwierig oder unmöglich erweisen. Auch ist die richtige
Reihenfolge der Etappen nicht unbedingt die naheliegendste. Statt der Etappen-Methode ziehen Sie vielleicht die
vereinfachende Methode vor. Das bedeutet etwa, daß man
die Aufgabe auf verschiedenerlei Arten betrachtet, bis sie
weniger kompliziert wird.

Zwischen der 5. Aufgabe und den früheren Aufgaben
scheint kein Zusammenhang zu bestehen. Es kann also sein,
daß die Erfahrung keine Hilfe bietet, abgesehen von einer
allgemeinen Geschicklichkeit im Umgang mit den Quadern.

Lösung der 5. Aufgabe

Wenn Sie nach der Etappen-Methode vorgegangen sind,
werden Sie die folgenden oder ähnliche Schritte unternommen haben:

erste Bedingung: ein Quader, der nur einen anderen
                       berührt

erste Etappe:	Sie legen erst einen Quader hin und dann einen anderen, der ihn berührt
zweite Bedingung:	ein Quader, der nur zwei andere berührt
zweite Etappe:	zwei Quader liegen auf dem Tisch, also legen Sie einen weiteren dazu, der sie beide berührt.

Unglücklicherweise ist mit dem Erfüllen der zweiten Bedingung die Lösung für die erste Bedingung zunichte gemacht worden – ein Beispiel für das Durcheinander, das entstehen kann. Sie selbst haben diesen simplen Fehler vielleicht vermieden und, ehe Sie zur Lösung schritten, sorgfältig die Reihenfolge der Etappen festgelegt, aber zu dieser Art Durcheinander kommt es ziemlich häufig, wenn die Etappen-Methode angewandt wird.

Eine andere Möglichkeit, die Etappen-Methode an-

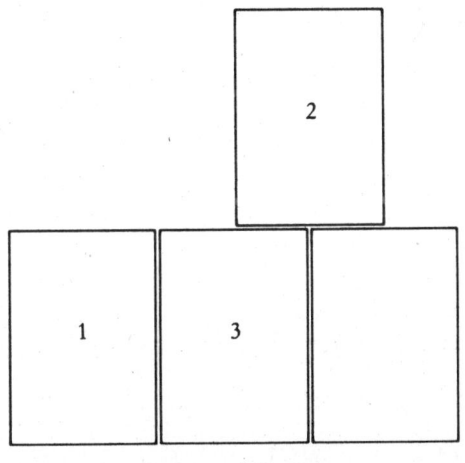

1, 2, und 3 Kontakte

zuwenden, ist, daß man sich zunächst darüber hinweg-
setzt, daß alle sechs Quader zu berücksichtigen sind, und mit
nur drei Quadern beginnt. Das Problem besteht jetzt darin,
diese drei Quader so anzuordnen, daß sich einmal 1 Kontakt
und einmal 2 Kontakte ergeben. Das naheliegende Resultat
ist eine einfache Reihe von drei Quadern, in der der mittlere
Quader zwei und der Endquader einen berührt. Die nächste
Etappe ist, einen vierten Quader so hinzuzufügen, daß je
einmal 1, 2 und 3 Kontakte zu verzeichnen sind. Das läßt
sich, wie auf Seite 81 gezeigt, sehr einfach bewerkstelligen.
Bei der folgenden Etappe wird ein fünfter Quader so
hinzugefügt, das 1, 2, 3 und 4 Kontakte vorhanden sind.
Auch das ist sehr einfach und kann so geschehen, wie auf
dieser Seite dargestellt.

Die letzte Etappe besteht darin, den sechsten Quader so
hinzuzufügen, daß nunmehr je einmal 1, 2, 3, 4, und 5
Kontakte bestehen. Diese letzte Etappe läßt sich ebenso
unkompliziert bewältigen wie die vorhergehenden, und sie
ergibt, wie auf Seite 84 gezeigt, die Lösung der 5. Aufgabe.
Geht man auf diese methodische Weise vor, erscheint die
Aufgabe äußerst leicht.

Statt die Etappen-Methode anzuwenden, mögen Sie es
vorgezogen haben, die Lösung einer früheren Aufgabe
abzuwandeln. Eine interessante Möglichkeit wäre es, dazu
die Lösung der 4. Aufgabe (Seite 77) heranzuziehen und zu
versuchen, sie durch Subtraktion abzuwandeln. Da bei
dieser Anordnung alle Quader fünf andere berühren, geht es
darum, die Anzahl der Kontakte nach und nach zu
vermindern, bis nur noch einmal 1, 2, 3, 4 und 5 Kontakte
bestehen. Als erstes würde man einen Quader der oberen
Schicht nehmen und neben einen Quader der unteren
Schicht legen. Dieser untere Quader würde zwar immer
noch fünf andere berühren, aber die übrigen würden jetzt

nur vier berühren. Dann würde man einen zweiten von den oberen Quadern nehmen und so hinlegen, daß der Quader, der fünf andere berührt, es auch weiterhin tut, und ein anderer Quader weiterhin vier andere berührt. Der oben übriggebliebene Quader berührt drei andere. Von den nach unten gelegten Quadern berührt der eine nur einen anderen und der andere zwei. Die Aufgabe ist also gelöst. Die endgültige Anordnung wird auf Seite 85 gezeigt. In dieser Darstellung ist der oben gebliebene Quader wieder so ausgerichtet, daß er die Verbindung rechtwinklig deckt.

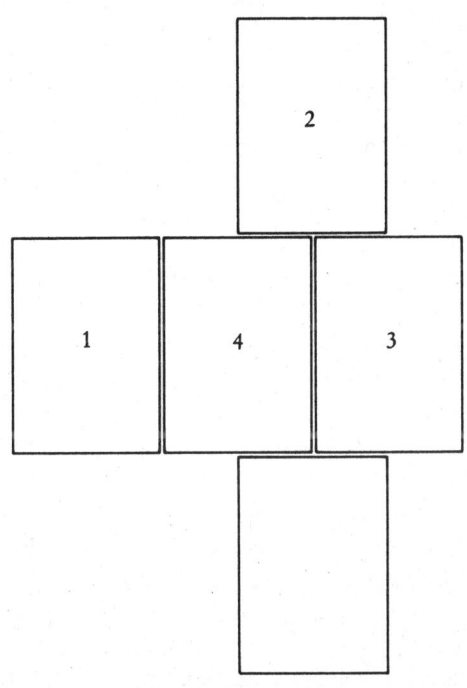

1, 2, 3 und 4 Kontakte

Durch die Verlagerung von nur zwei Quadern ist die Lösung der 4. Aufgabe in eine Lösung der 5. Aufgabe verwandelt worden.

Es gibt noch viele andere Möglichkeiten, diese besondere Aufgabe zu lösen. Für Sie ist es interessant, die Entstehung Ihrer eigenen Lösung zu verfolgen und sich zu fragen, ob die hier vorgeschlagenen Wege Ihnen auch eingefallen wären, und wenn nicht, warum nicht. Unter Umständen haben Sie einen Weg gefunden, der besser ist als die hier vorgeschlagenen, aber das ist in diesem Fall unwahrscheinlich.

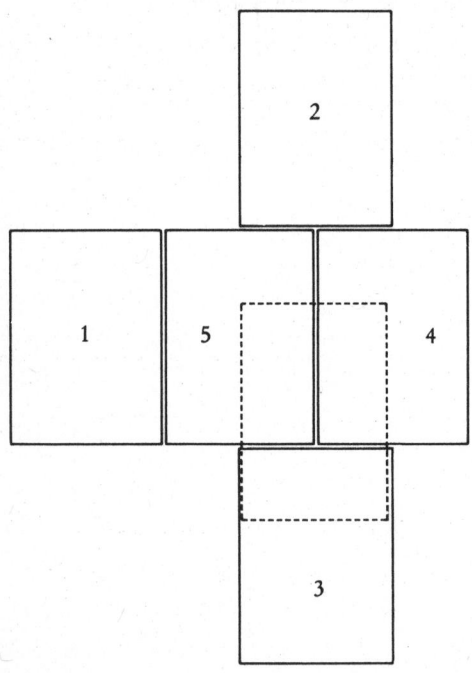

Lösung der 5. Aufgabe – die je einmal bestehenden 1, 2, 3, 4 und 5 Kontakte sind deutlich erkennbar.

Für diejenigen, die den Schlußbemerkungen Beachtung schenken, könnte die Liste für den letzten Tag folgendermaßen lauten:

1. Komplizierte Aufgaben können manchmal Teilchen für Teilchen gelöst werden. Jede der Bedingungen wird der Reihe nach erfüllt, bis die vollständige Lösung erreicht ist. Dieses Verfahren könnte »Etappen-Methode« genannt werden.
2. Wenn die Bestandteile der Lösung untereinander zusammenhängen, kann die Aufgabe nicht mit Hilfe der Etappen-Methode gelöst werden.
3. Bei der Etappen-Methode kann die Reihenfolge der Etappen entscheidend sein. Eine falsche Reihenfolge kann zu einem Durcheinander führen. Die richtige Reihenfolge ist nicht unbedingt die naheliegendste.

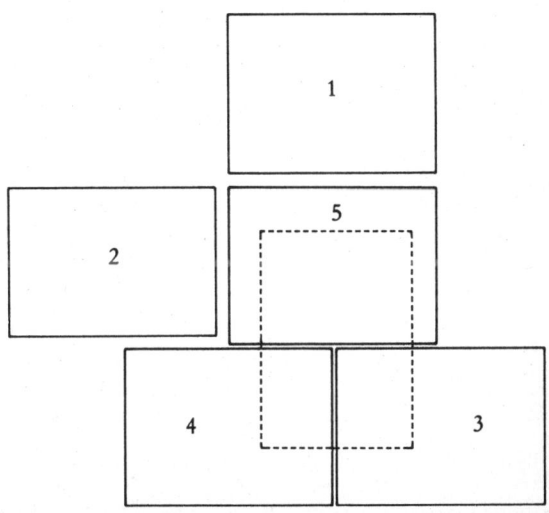

Lösung der 5. Aufgabe – abgeleitet von der Lösung der 4. Aufgabe

4. Ist eine Aufgabe kompliziert, mag der Versuch gemacht werden, sie unter vielen verschiedenen Gesichtspunkten zu betrachten, in der Hoffnung, daß sie sich in eine einfachere Aufgabe umwandeln läßt.

5. Die Lösung einer komplizierten Aufgabe läßt sich unter Umständen nach und nach aus der Lösung einfacheren Aufgaben entwickeln.

6. Auch wenn die neue Aufgabe in keinem Zusammenhang mit irgendeiner früheren zu stehen scheint, kann der Versuch, eine frühere Lösung abzuwandeln, der Mühe wert sein.

7. Abwandlung durch Subtraktion besteht darin, die Lösung einer schwierigen Aufgabe heranzuziehen und sie dann zu vereinfachen.

SCHLUSSBETRACHTUNG

Während Sie sich mit den Aufgaben beschäftigt und sie gelöst haben, sind Sie vielleicht zu dem Schluß gekommen, daß Denken eine ziemlich wirre Angelegenheit ist. Vielleicht haben Sie aber auch so hübsch logische Verfahren wie die im Text vorgeschlagenen angewandt, oder Sie haben gar den Verdacht, diese Verfahren seien in Wirklichkeit erst entwickelt worden, nachdem die Aufgaben schon gelöst waren. Wenn Ihre eigenen Versuche wirr, aber dennoch ergiebig waren, haben Sie wahrscheinlich einen ehrlicheren Einblick in Ihre Art zu denken gewonnen, als wenn Sie versucht hätten, Ihre Leistung in ein respektables logisches Gewand zu kleiden.

Die Logik arbeitet rasch und ungeheuer wirksam (außer was das Hervorbringen neuer Ideen angeht). Leider ist die logische Methode nicht die Art und Weise, wie Probleme gewöhnlich in Angriff genommen werden. Das praktische Denken ist weit entfernt von der schönen Reinheit akademischer Überlegungen. Es enthält eine kräftige Beimischung aus Erfahrungen, Marotten, Überzeugungen, Zufall und Spiel. Computer müssen für manche Probleme mit dieser nur teilweise logischen Verhaltensweise programmiert werden.

Da Denken, diese wirre Angelegenheit, allem Anschein nach eher eine Sache der Geschicklichkeit als der mathematischen Begabung ist, sollte es möglich sein, es zu verbessern – durch Übungen und Selbstbeobachtung wie in diesen Kursen.

Der dritte
Fünf-Tage-Kurs

Das L-Spiel:
Strategisches Denken

EINFÜHRUNG

Die Quader-Aufgaben haben nicht ganz soviel Spaß gemacht wie die Flaschen-Aufgaben. Jetzt, im dritten Kurs, geht es um ein Spiel, das zu einfach erscheinen mag, um spielbar zu sein. Bei den früheren Aufgaben war jede gültige Lösung akzeptabel. Gewiß, Sie wurden ermahnt, nicht irgendeine beliebige Lösung zu suchen, sondern die hübscheste und eleganteste, aber das waren nur Ermahnungen, und Ermahnungen schenkt niemand viel Beachtung.

Der dritte Kurs beschäftigt sich mit jener Art von Aufgaben, für die Sie sehr leicht eine Lösung finden können, bei denen es aber darauf ankommt, daß Sie jeweils die beste der möglichen Lösungen finden. Probleme dieser Art kommen ziemlich häufig in Wettstreitsituationen vor. Das neue L-Spiel bietet eine geeignete Grundlage für den Kurs. Wie zuvor werden keine Erfahrungen oder speziellen Kenntnisse vorausgesetzt (was in diesem Fall ja auch gar nicht möglich wäre).

Im Gegensatz zu den bisherigen, festumrissenen Aufgaben ändern Spielsituationen sich ständig, und es handelt sich mehr darum, Leitprinzipien zu entwickeln, als für jede schwierige Situation eine Lösung zu finden. Diesen Vorgang könnte man strategisches Denken nennen.

Das L-Spiel

Dieses Spiel hat sich der Verfasser ausgedacht, weil er Gesellschaftsspiele gern spielt und es dennoch haßt, sich auf eine große Anzahl von Spielsteinen konzentrieren zu müssen.

Die Absicht war, ein Spiel zu entwerfen, das so einfach

wie irgend möglich ist und dennoch mit einem hohen Maß an Geschicklichkeit gespielt werden kann. Es wurde versucht, die folgenden Bedingungen zu erfüllen:

1. Eine Mindestanzahl von Spielsteinen, am besten nur einen für jeden Spieler.
2. Das kleinstmögliche Brett.
3. Ein Spiel mit nur wenigen Regeln, das leicht zu lernen und zu spielen ist.
4. Ein Spiel, das mit einem hohen Maß an Geschicklichkeit gespielt werden kann.
5. Ein Spiel, das nicht determiniert ist. Ein determiniertes Spiel ist eines, bei dem der anfangende Spieler immer gewinnen kann, wenn er die Strategie kennt. Ein indeterminiertes Spiel könnten zwei perfekte Spieler ewig weiterspielen.

Das Ergebnis war das L-Spiel. Jeder Spieler erhält nur *einen* L-Stein. Das Brett hat vier mal vier Felder. Das Spiel ist leicht zu lernen und zu spielen und kann mit einem hohen Maß an Geschicklichkeit gespielt werden. Ich selbst habe gegen Partner, die das Spiel kannten, über eine Stunde gespielt. Geschicklichkeit ist erforderlich, weil jeweils so viele Züge in Frage kommen. Es gibt auf dem kleinen Brett über 18 000 Positionen für die Steine, und in jedem einzelnen Augenblick stehen bis zu 195 verschiedene Züge zur Wahl, von denen nur einer erfolgreich ist.

Die Spielregeln

STEINE

Jeder Spieler erhält einen L-förmigen Stein, der vier Felder bedeckt. Außerdem gibt es zwei kleine, quadratische neutrale Steine, die den Spielern nicht gehören, aber von

beiden gezogen werden können. Die beiden neutralen
Steine bedecken jeder nur ein Feld.

AUSGANGSPOSITIONEN

Das Diagramm gegenüber zeigt die Anordnung der Steine
auf dem Brett bei Beginn des Spiels.

ZÜGE

Beide Spieler müssen abwechselnd ihren L-Stein in eine
neue Position bringen. Der Stein kann aufgenommen,
herumgedreht, ganz umgedreht und dann in jeder beliebigen neuen Position wieder auf das Brett gelegt werden. Eine
Position gilt als neu, wenn auch nur eines der von dem Stein
bedeckten Felder gewechselt wurde. Der Stein kann überall
auf dem Brett placiert werden, solange er eine entsprechen-
de Kombination von Feldern genau bedeckt und sich mit
keinem anderen Stein überschneidet.

Ist der L-Stein gezogen worden, kann der Spieler – wenn
er will – *einen* der beiden neutralen Steine auf ein beliebiges
freies Feld setzen.

WIE DAS SPIEL ZU GEWINNEN IST

Das Ziel des Spiels ist, den Gegner in eine Position zu
zwingen, von der aus er keinen Zug mehr machen kann. Das
Spiel ist gewonnen, wenn der Gegner die Position seines
L-Steins nicht verändern kann. (Der L-Stein muß stets
gezogen werden, ehe ein neutraler Stein gezogen wird.)

Die Aufgaben

In dem folgenden Fünf-Tage-Kurs ist das L-Spiel jeweils in
vereinfachter Form reproduziert: die beiden Kreise stellen

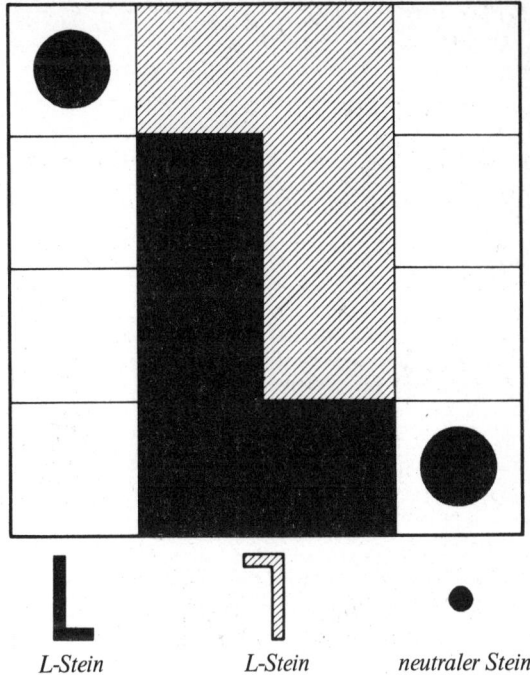

L-Stein   L-Stein   neutraler Stein

Die L-Spiel-Ausgangspostition

die neutralen Steine dar, und die L-Steine sind verkleinert abgebildet, damit die Felder, auf denen sie liegen, deutlich zu erkennen sind. Bei allen Aufgaben wird vorausgesetzt, daß der schräggestreifte L-Stein Ihnen, dem Leser, gehört und der vollflächig getönte L-Stein mir, dem Buch.

Die Aufgaben sind ziemlich einfach und sollen Überlegungen hervorrufen, wie sie in der Praxis, beim Spiel mit einem wirklich vorhandenen Gegner, angestellt werden könnten.

DER ERSTE TAG

1. Aufgabe

Unten werden die Positionen der Steine in einem bestimmten Stadium des Spiels gezeigt. Sie haben die Wahl zwischen den drei Zügen, die in den Abbildungen A, B und C gezeigt sind. Die Aufgabe besteht darin, herauszufinden, welches der beste Zug ist.

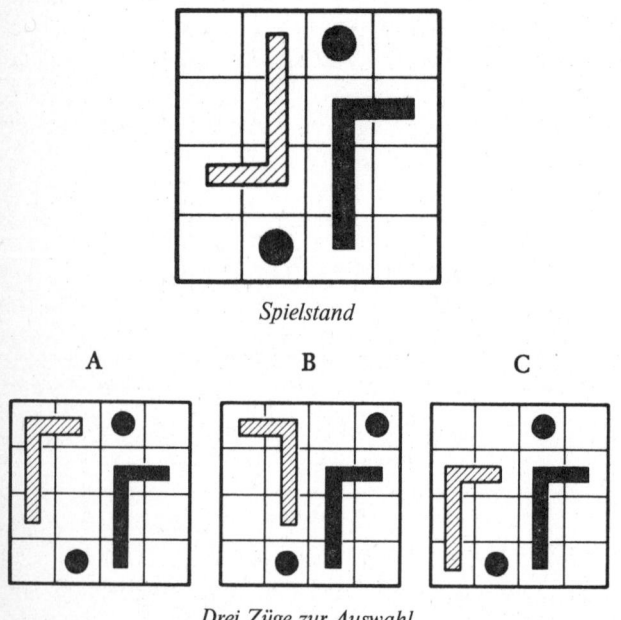

Spielstand

A   B   C

Drei Züge zur Auswahl

Diese Aufgabe werden Sie kaum für schwer halten. Aber es kann durchaus sein, daß Sie ein Gefühl der Ratlosigkeit überkommt, wenn Sie darangehen, sie wirklich zu lösen. Die Situation ist neu, und es stehen Ihnen keinerlei vertraute Kriterien zur Verfügung, nach denen Sie beurteilen könnten, wie Sie vorgehen sollen. Ein Zug kommt Ihnen so einfach vor wie der andere, und doch haben Sie zu Recht das Gefühl, daß der eine oder andere Zug verhängnisvoll sein könnte.

Die Art, wie die Aufgabe gestellt ist, vereinfacht jedoch die Situation erheblich. Sie können und sollen sich darauf beschränken, unter nur drei Zügen zu wählen, sich zwischen drei Möglichkeiten zu entscheiden. Ohne diese Einschränkung wäre die Situation ungleich schwieriger: Sie müßten sich alle in Frage kommenden Züge klarmachen, um jeden einzeln zu bewerten. Bei einer Position der Steine, wie sie unten dargestellt ist, hätten Sie die Wahl zwischen 195 Zügen.

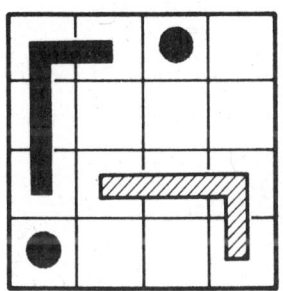

Aber es ist schon schwierig, auch nur drei Züge zu bewerten, solange Sie mit dem Spiel nicht vertraut sind. Wahrscheinlich werden Sie so vorgehen, daß Sie der Reihe nach jeden Zug in Gedanken ausführen und sich vorstellen, was geschehen würde. Als erstes werden Sie bei sich eine gewisse Unbeholfenheit feststellen, wenn Sie nur in Gedanken mit den Steinen umzugehen versuchen, aber Ihre Schwierigkeiten sind weit größer. Sich vorstellen, was geschehen würde, wenn Sie einen bestimmten Zug machten, heißt, daß Sie herausfinden wollen, was der Gegner tun, mit welchem Gegenzug er reagieren würde. In einer Situation dieser Art müssen Sie davon ausgehen, daß Ihr Gegner ein erfahrener Spieler ist und mit dem denkbar geschicktesten Zug reagieren wird. Aber wie können Sie seine Züge voraussehen, wenn Sie schon mit Ihren eigenen nicht zurechtkommen? Das erschwert es Ihnen also vor allem, abzuschätzen, welcher Zug für Sie der beste wäre: daß Sie die Gegenzüge Ihres Partners nicht voraussehen können.

Haben Sie diese Schwierigkeit erkannt, werden Sie sich vielleicht entschließen, irgendeinen Zug zu machen und abzuwarten, was geschieht. In der Praxis, wenn sie gegen einen Partner spielen, können Sie eine solche Zufallstaktik auch ganz bewußt anwenden, um mit dem Spiel im allgemeinen oder mit bestimmten Zügen im besonderen vertraut zu werden. Durch einen geschickten Zug des Gegners zu verlieren, kann sehr instruktiv sein.

Lösung der 1. Aufgabe

Der Gegenzug zu jedem der drei in Frage kommenden Züge ist gegenüber dargestellt. Es zeigt sich, daß C der beste Zug war. Beide anderen Züge hätten zur sofortigen Niederlage geführt, wie Sie feststellen werden, wenn Sie versuchen, Ihren L-Stein in eine neue Position zu bringen.

Eine rasche Niederlage könnte die Vorstellung erwecken, bei diesem Spiel sei es sehr leicht zu gewinnen. Das trifft jedoch nicht zu. Situationen dieser Art ergeben sich nur, wenn ein erfahrener Spieler gegen einen Anfänger spielt. Sind beide Partner erfahrene Spieler, kann jeder von ihnen die eigenen Züge weitaus besser abschätzen, da er imstande ist, die Reaktionen des Gegners vorauszusehen. Keiner der beiden Spieler würde sich für einen Zug, der zur Niederlage führen müßte, entscheiden – vorausgesetzt, er hat eine andere Möglichkeit und sitzt nicht in der Falle. Spielen zwei Anfänger, sind die einzelnen Züge zwar weniger sachverständig, aber das gleiche gilt dann auch für die Reaktionen auf diese Züge. Ein Anfänger mag Fehler machen, aber der andere Anfänger merkt vielleicht nicht, daß es Fehler sind, und wüßte wohl auch nicht, wie er sie ausnützen könnte, um das Spiel zu gewinnen.

Die Schlußbemerkungen zum ersten Tag, die Sie vielleicht noch ergänzen möchten, könnten folgendermaßen lauten:

1. Ob ein bestimmter Zug nützlich ist, läßt sich dadurch feststellen, daß er in Gedanken ausgeführt und auf seine möglichen Konsequenzen hin geprüft wird.
2. Die Konsequenzen eines Zuges hängen von der Geschicklichkeit des Gegners ab. Ist die eigene Geschicklichkeit eines Spielers eher begrenzt, vermag er sich auch bei

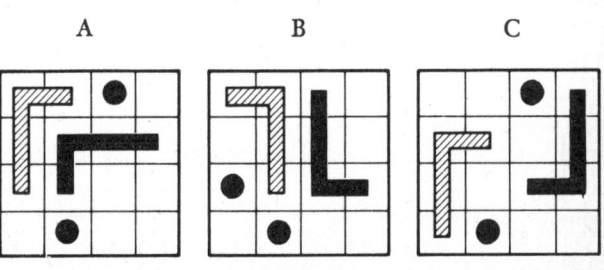

Gegenzüge

seinem Partner keine größere Fertigkeit vorzustellen. Infolgedessen können die tatsächlichen Konsequenzen eines Zuges von den vermuteten erheblich abweichen.

3. Um die Konsequenzen eines Zuges richtig abzuschätzen, ist es notwendig, davon auszugehen, daß der Gegner das Spiel vollendet beherrscht – auch wenn es nicht so ist.

4. Selbst wenn der Gegner über eine nahezu vollendete Geschicklichkeit verfügt, ist es unter Umständen möglich, ihn durch psychologische Manöver daran zu hindern, sie anzuwenden.

DER ZWEITE TAG

2. Aufgabe

Auf der folgenden Seite wird die Anordnung der Steine in einem bestimmten Stadium eines Spiels gezeigt. Stellen Sie eine Liste aller für Sie in Frage kommenden Züge zusammen und stufen Sie diese Züge nach folgenden Gesichtspunkten ein:

verhängnisvoll: Positionen, die den Gegner in die Lage versetzen würden, mit dem nächsten Zug zu gewinnen

schwach: Positionen, die zwar nicht verhängnisvoll sind, aber zu einer verhängnisvollen Position führen können; solche Positionen bringen einen Spieler in die Defensive

neutral: Positionen, die beiden Spielern keinen Vorteil bieten

stark: Positionen, aus denen heraus das Spiel unmittelbar gewonnen werden kann oder die den anderen Spieler in eine eindeutig schwache Position zwingen.

Es gibt zwei extreme Arten von Wettstreit-Situationen. Die meisten Situationen, die sich in der Praxis ergeben, liegen ungefähr in der Mitte zwischen diesen beiden Extremen. Bei der einen Art kommen nur wenige Züge in Frage, und alle sind beiden Spielern wohlbekannt. Der Erfolg hängt davon ab, ob Sie richtig voraussehen, welchen Zug Ihr Gegner wählen wird, und ob Sie ihn hinsichtlich Ihrer eigenen Entscheidung täuschen können. Es ist ein Kampf, der im wesentlichen mit psychologischen Mitteln ausgetragen wird.

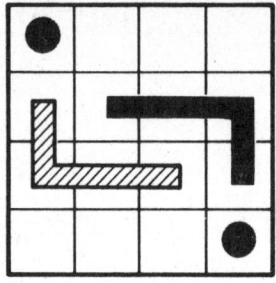

Bei der anderen extremen Situation bedarf es keiner Psychologie. Es ist eine sehr komplexe Situation, und es gibt eine große Anzahl möglicher Züge. Der Erfolg hängt davon ab, daß Sie die Situation genauer erfassen als Ihr Gegner und auf diese Weise die besseren Züge wählen. Sie gehen davon aus, daß Ihr Gegner stets den besten der möglichen Züge machen wird.

Wie weit er hinter diesem Ideal zurückbleibt, wird das Maß Ihres Erfolges sein.

Psychologische Methoden brauchen nur angewandt zu werden, wenn beide Spieler alle in Frage kommenden Züge so genau kennen, daß die Situation in Wirklichkeit wieder in die zuerst beschriebene umgeschlagen ist.

Das L-Spiel gehört zur zweiten Kategorie. Die Anzahl der möglichen Züge ist sehr groß. Ein Spieler, der stets genau weiß, welche Züge in Betracht kommen und welche Folgen jeder einzelne nach sich ziehen kann, wird besser abschneiden als einer, der dazu nicht imstande ist.

Lösung der 2. Aufgabe

Bei einem Stand des Spiels, wie er oben dargestellt ist, kommen insgesamt 65 Züge für Sie in Frage.

Diese 65 möglichen Züge können folgendermaßen einge-
stuft werden:

verhängnisvoll: 22
schwach: 17
neutral: 26
stark: 0

Sie haben vielleicht auf halbem Wege aufgegeben, da Sie die
Aufgabe zu schwer oder zu umständlich fanden. Um sie
wirklich zu lösen, müßten Sie zunächst alle in Frage
kommenden Positionen für Ihren L-Stein ermitteln. Bei
jeder dieser Positionen gibt es insgesamt 13 mögliche
Positionen für die neutralen Steine: keine Änderung der
Position plus je sechs Positionsänderungen für jeden der
beiden Steine.

Falls Sie sich durch die Aufgabe hindurchgearbeitet
haben, wird Ihre Bewertung der Züge mit der hier angegebe-
nen wahrscheinlich nicht übereinstimmen. Die Möglichkeit, daß Ihre Bewertung richtiger ist, soll nicht ausgeschlossen werden, doch darf man annehmen, daß ein Spieler mit
größerer Erfahrung mögliche Gegenzüge sieht, die Ihrer
Aufmerksamkeit entgangen sind. Diese Gegenzüge würden
den Wert jedes einzelnen Zuges bestimmen.

Einerlei ob Sie die Aufgabe beendet haben oder nicht –
Sie werden beeindruckt sein von der Schwierigkeit und
Umständlichkeit dieser Prozedur. Und wahrscheinlich
wären Sie kaum geneigt, sich jedesmal, wenn Sie am Zuge
sind, einer solchen Strapaze zu unterziehen.

Es ist die absolut perfekte Methode, das L-Spiel oder jedes
andere Spiel dieser Art zu spielen, aber es ist ebenso eine
absolut unanwendbare Methode. Alle in Frage kommenden Züge zu bewerten, bedeutet, sie alle zu ermitteln und

anschließend auf alle in Frage kommenden Gegenzüge hin genau zu prüfen. Gäbe es 50 mögliche Züge, von denen Ihr Gegner jeden mit 50 Gegenzügen beantworten könnte, dann wäre die Gesamtzahl der Möglichkeiten 2500. Diese vielen Möglichkeiten zu prüfen, ist schon schwierig genug, aber wenn Sie sich dann noch ein, zwei oder drei Züge im voraus überlegen wollen, wird es vollends unmöglich. Und es ist so unmöglich, daß nicht einmal ein riesiger Computer auf diese Weise Dame spielen kann. Niemand käme auf den Gedanken, nach dieser Methode zu spielen. Andere Techniken müssen angewandt werden.

Schlußbemerkungen zum zweiten Tag:

1. Bei der einen Art extremer Wettstreit-Situationen sind die in Frage kommenden Züge so begrenzt und so genau bekannt, daß der Erfolg von psychologischen Manövern abhängt.
2. Bei der anderen Art extremer Wettstreit-Situationen ist die Anzahl der möglichen Züge sehr groß, und der Erfolg hängt davon ab, daß der Spieler die Situation genauer erfaßt als sein Gegner.
3. Die perfekte Methode, das L-Spiel zu spielen, ist, alle in Frage kommenden Züge zu ermitteln und sie im Hinblick auf ihre möglichen Konsequenzen zu bewerten.
4. Dieses Verfahren läßt sich nicht anwenden, wenn die Anzahl der möglichen Züge sehr groß ist oder mehrere Züge im voraus zu bedenken sind.
5. Es gibt andere Techniken, sich für einen der möglichen Züge zu entscheiden.

DER DRITTE TAG

3. Aufgabe

Unten auf dieser Seite sind neun Spielsituationen abgebildet. Stellen Sie – so schnell wie möglich – fest, welche der neun Situationen der ersten, A, ähnlich sind. Es empfiehlt sich, daß Sie diese Aufgabe erst in Angriff nehmen, wenn Sie die Seite 105 erreicht haben.

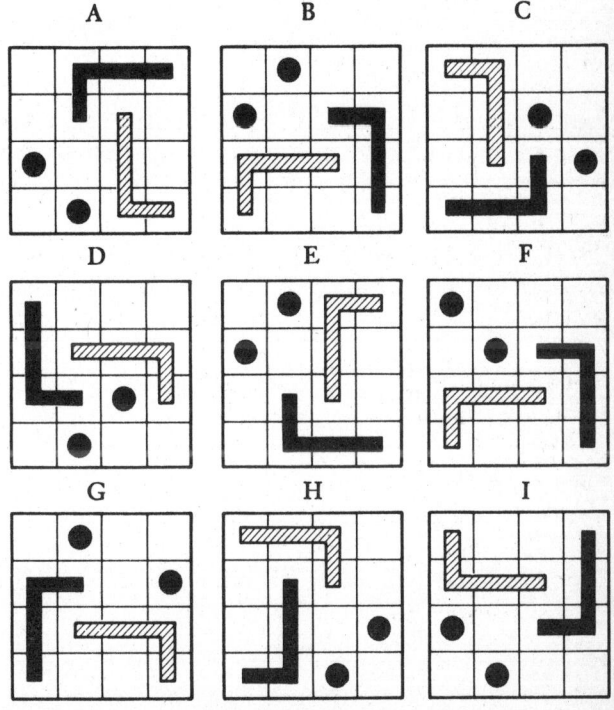

Spielsituationen für die 3. Aufgabe

Im letzten Abschnitt wurde erwähnt, daß die ideale Spielweise bestenfalls höchst umständlich und schlimmstenfalls unmöglich ist. Dagegen gibt es eine andere Methode, die einfach ist, wie die erste kompliziert war: die Erfahrungsmethode. Wenn Sie an der Reihe sind, nehmen Sie die Erfahrung als Richtschnur dafür, welchen Zug Sie machen sollten. Imitieren Sie, was vorher geschehen ist, und versuchen Sie nicht, alle in Frage kommenden Züge zu ermitteln oder gar zu bewerten.

Die einfachste Möglichkeit, nach dieser Methode Spiele zu gewinnen, besteht darin, sie zu verlieren. Jedesmal, wenn Sie verlieren, nehmen Sie von zwei Dingen Kenntnis: von dem Zug, der Sie das Spiel gekostet hat, und ebenso von dem Zug, mit dem Ihr Gegner das Spiel gewonnen hat. Wenn Ihr Gedächtnis gut ist und Sie oft genug spielen, werden Sie sich mit Sicherheit nach und nach ein Repertoire von zwei Arten von Zügen oder vielmehr von zwei Arten von Positionen schaffen – Positionen, die den Sieg herbeiführen, und Positionen, die die Niederlage herbeiführen. Sobald Ihnen ein solches Repertoire zur Verfügung steht, brauchen Sie nichts weiter zu tun, als die eine Art von Positionen zu vermeiden und die andere anzustreben. Und wenn Sie mehr Erfahrung haben, werden Sie sich zutrauen, Züge zu lernen, die zu Zügen führen, mit denen Sie das Spiel gewinnen. Auf diese Weise werden Sie anfangen, über einen Zug im voraus nachzudenken.

Es mag Ihnen so vorkommen, als sei diese Methode ebenso mühsam wie die andere, denn sie bedeutet, daß Sie das Spiel viele Male spielen müssen, ehe Sie richtig anfangen können. Vielleicht ist es nicht sehr lustig, ein Spiel nach dem anderen zu verlieren, so daß schließlich alle Ihre Freunde es leid sind, mit Ihnen zu spielen, und zwar ausgerechnet dann, wenn Sie sich zum Experten entwickeln. Die Methode mag Ihnen sogar höchst unbrauchbar vorkommen – bis Sie ein größeres Maß an Erfahrung gewonnen haben.

In der Praxis würden die Spiele, die Sie spielen, um sie zu verlieren, nicht viel Zeit kosten, denn Sie brauchten über Ihre Züge gar nicht nachzudenken. Auch dürfte es nicht schwierig sein, das Spiel oft genug zu spielen: es gibt eine Menge Leute, die jede Gelegenheit, ein Spiel zu gewinnen, mit Freude ergreifen. Um die Methode erfolgreich anwenden zu können, brauchten Sie auch nicht alle in Frage kommenden Züge auszuprobieren. Sie würden sich einfach bei jedem Spielstand überlegen, ob ein zum Sieg führender Zug zu machen oder ein zur Niederlage führender Zug zu vermeiden ist. Wenn beides nicht der Fall wäre, stünde es Ihnen frei, einen beliebigen Zug zu machen. Sollte sich dann herausstellen, daß dieser Zug schließlich doch zur Niederlage führt, wäre es eine Bereicherung Ihrer Erfahrung.

Lösung der 3. Aufgabe

Die Spielsituationen, die der ersten, A, in funktioneller Hinsicht gleichen, sind die Situationen B, E und I. Diese Situationen ergeben sich einfach nur aus Lageveränderungen des Bretts oder aus spiegelbildlichen Positionsänderungen der Steine. Bei allen anderen Situationen ist das Verhältnis der Steine durch eine Positionsänderung eines der Steine verändert.

Für alle funktionell gleichen Situationen käme der gleiche Zug in Frage. Die große Schwierigkeit in der Praxis ist es, eine vertraute Situation wiederzuerkennen, wenn sie sich spiegelbildlich oder in veränderter Ausrichtung präsentiert. Im übrigen kommt es nicht nur beim Spielen vor, daß wir Dinge, die wir kennen, nicht wiedererkennen. Um die

Erfahrungsmethode auch nur mit dem geringsten Erfolg anwenden zu können, kommt es entscheidend darauf an, daß man imstande ist, eine vertraute Anordnung, für die man bereits einen entsprechenden Zug weiß, auf Anhieb wiederzuerkennen.

Da das Brett vier Seiten hat, kann eine Anordnung in vier verschiedenen Lagen vorkommen – nach Norden, Süden, Osten oder Westen ausgerichtet. Bei jeder dieser Lagen ist eine spiegelbildliche Veränderung möglich. Das ergibt acht scheinbar verschiedene Situationen, wenn das Brett von einer Seite aus betrachtet wird, wie es während des Spiels geschieht. Jede dieser acht Variationen kann entweder bei Ihnen oder bei Ihrem Gegner vorkommen. Sie müssen also imstande sein, eine vertraute Situation in sechzehn verschiedenen »Verkleidungen« wiederzuerkennen, ehe Sie hoffen können, die Erfahrungsmethode wirksam anzuwenden.

Es ist nicht anzunehmen, daß es Ihnen irgendwelche Schwierigkeiten gemacht hat, die 3. Aufgabe richtig zu lösen, aber es wäre interessant zu wissen, wie lange Sie dazu gebraucht haben.

Alle, die meinen, das Wiedererkennen könne bei einem so einfachen Spiel doch nicht problematisch sein, werden natürlich bemerkt haben, daß die bei der vorhergehenden 2. Aufgabe verwendete Anordnung nichts anderes war als eine seitwärts ausgerichtete, spiegelbildliche Abwandlung der Ausgangsposition des Spiels, was Sie verwirren sollte. Wenn Sie das erkannt haben, hätten Sie sich bei jener umständlichen Aufgabe mit dem Gedanken trösten können, daß es höchst nützlich sein müßte, alle von der Ausgangsposition aus möglichen Züge abzuschätzen, um jedenfalls beim ersten Zug schwerwiegende Fehler zu vermeiden. Es gibt nichts Schmählicheres, als beim ersten Zug geschlagen zu werden.

Schlußbemerkungen zum dritten Tag:

1. Es ist möglich, das Spiel nach der Methode der einfachen Erfahrung zu spielen. Diese Methode ist ebenso mühelos, wie die Methode, alle in Frage kommenden Züge zu bewerten, umständlich ist.
2. Die Erfahrungsmethode bedeutet, daß Sie frühere Situationen imitieren und Züge machen, die Ihnen vertraut sind.
3. Es gibt zwei Arten von Zügen: Züge, die zum Sieg führen, werden angestrebt, und Züge, die zur Niederlage führen, werden vermieden. Gibt es in beiden Kategorien keinen geeigneten Zug, kann ein beliebiger Zug gemacht werden.
4. Erfahrung gewinnen Sie am schnellsten, wenn Sie das Spiel eine Reihe von Malen in der Absicht spielen, es zu verlieren. Mit jedem Spiel bereichern Sie Ihr Repertoire an vertrauten Positionen um eine Position, die zum Sieg, und um eine, die zur Niederlage führt.
5. Um die Erfahrungsmethode wirksam anwenden zu können, ist es nötig, Situationen wiederzuerkennen, auch wenn sie anders ausgerichtet, spiegelbildlich verändert sind oder bei Ihrem Gegner vorkommen.

DER VIERTE TAG

4. Aufgabe

*Im folgenden werden eine Spielsituation und drei mögliche Züge
gezeigt. Wählen Sie den besten Zug aus.*

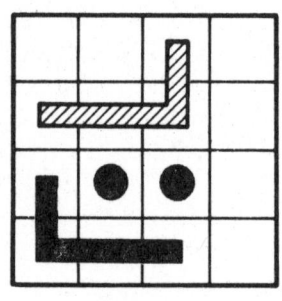

Spielstand

A   B   C

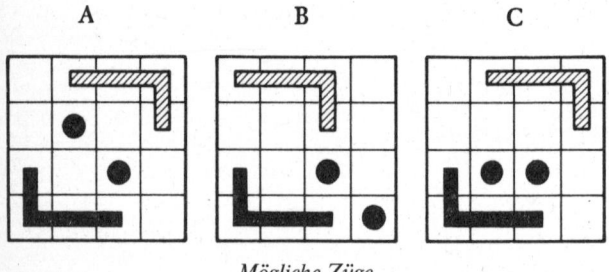

Mögliche Züge

Vielleicht sind Sie etwas enttäuscht darüber, daß Ihnen in
diesem Kurs bisher nur zwei ziemlich unpraktische Methoden, das L-Spiel zu spielen vorgeschlagen wurden. Vielleicht
werden Sie sich aber auch in dem Bewußtsein sonnen, daß

Ihre eigene Spielmethode erfolgreicher wäre als die beiden vorgeschlagenen.

Die dritte Methode liegt irgendwo zwischen den beiden Extremen der früheren Methoden, und doch macht sie in gewisser Weise beide Methoden praktikabel. Die dritte Methode ist die Methode der strategischen Prinzipien.

Die Methode, alle in Frage kommenden Züge zu ermitteln und ihre Konsequenzen abzuschätzen, hatte sich als hoffnungslos langwierig erwiesen. Eine solche Methode wäre jedoch einfacher, wenn die Züge in Gruppen oder nach Kategorien eingeteilt wären. Die Anzahl der zu erwägenden Züge wäre zum Beispiel um den Faktor 13 vermindert, wenn ausschließlich Züge des L-Steins in Erwägung gezogen würden. Gäbe es irgendein allgemeines Prinzip, nach dem bestimmte L-Positionen sofort akzeptiert oder abgelehnt werden könnten, wäre es möglich, alle dreizehn Positionen, die mit einer einzelnen L-Position in Zusammenhang stehen, mit *einer* Entscheidung abzutun.

Wenn man in dieser Weise mit ganzen Gruppen von Zügen verfährt, entspricht das praktisch einer genauen Bewertung aller in Frage kommenden Züge. Strategische Prinzipien könnten die folgenden sein:

- Wählen Sie für den L-Stein nach Möglichkeit die Eckpositionen.
- Vermeiden Sie symmetrische Anordnungen der Steine.
- Sorgen Sie dafür, daß immer ein neutraler Stein an Ihren L-Stein grenzt.
- Versuchen Sie, Ihren L-Stein in dem Winkel des L-Steins Ihres Gegners einzunisten.

Diese Prinzipien brauchen nicht unbedingt richtig zu sein. Es sind nur Beispiele dafür, welche Art von Prinzipien Sie für sich selbst beim Spielen aufstellen werden.

Aber wo kommen die strategischen Prinzipien her?
Einige wenige Menschen werden möglicherweise dadurch
zu solchen Prinzipien gelangen, daß sie die besondere
Eigenart des Spiels logisch untersuchen. Ein paar andere
werden diese Prinzipien vielleicht von Freunden lernen. Am
häufigsten werden sie jedoch durch eigene Erfahrung
entdeckt.

Die Erfahrungsmethode hatte sich als unpraktisch erwiesen, da Sie, ohne das Spiel viele Male zu spielen, kaum eine
Chance gehabt hätten, es zu gewinnen. Sie können sich, wie
bereits erwähnt, mit dem Gedanken getröstet haben, daß
jede Niederlage Ihre Erfahrung bereichert, aber Gewinnen
macht mehr Spaß. Ist es möglich, genügend Erfahrungen zu
sammeln, auch ohne das Spiel so oft spielen zu müssen?
Paradoxerweise ist es möglich – bei Anwendung strategischer Prinzipien. Wenn es Ihnen gelingt, einer begrenzten
Summe von Erfahrungen allgemeingültige Prinzipien zu
entnehmen, dann werden sich weitere Erfahrungen erübri-
gen, da solche Prinzipien für jedes künftige Spiel gelten
würden.

Wir sehen also, daß zugleich mit der Anwendung
strategischer Prinzipien entweder die Erfahrungsmethode
oder die Methode der genauen Bewertung zufriedenstel-
lend angewandt wird. Einfacher noch könnte man sagen: die
Methode der strategischen Prinzipien ermöglicht eine
genaue Bewertung in Frage kommender Züge auf Grund
von Prinzipien, die aus Erfahrungen abgeleitet und angewandt werden, um ganze Gruppen von Zügen zu bewerten.

Lösung der 4. Aufgabe

Auf Seite 111 oben sind die Gegenzüge zu den in der
Aufgabe vorgeschlagenen Zügen abgebildet.

A   B   C

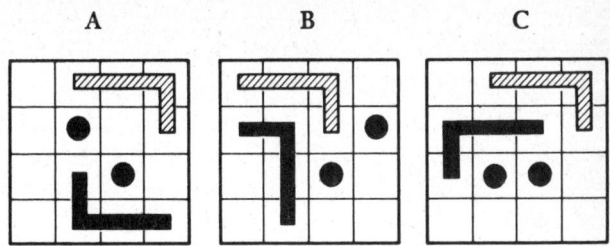

Es zeigt sich, daß nur der Zug B verhängnisvoll ist. Beide anderen Züge sind ungefährlich. Dieses Ergebnis wird diejenigen überraschen, die bereits das strategische Prinzip aufgestellt hatten, daß Eckpositionen riskant und zu vermeiden seien. Dagegen werden alle, die nach dem Prinzip verfuhren, daß Eckpositionen für den L-Stein erstrebenswert sind, automatisch die richtige Wahl getroffen und die einzige vorgeschlagene andere Position vermieden haben.

Die Taktik des strategischen Prinzips (in gelehrten Kreisen zuweilen das heuristische Verfahren genannt) ist zweifellos die praktischste Art und Weise, das Spiel zu spielen. Im übrigen ist es die Methode, nach der Computer gelehrt werden, komplizierte Spiele zu spielen. Die Taktik ist allerdings besser als die angewandten Prinzipien. Wenn Sie ein zweifelhaftes Prinzip formulieren, kann seine Anwendung zur Niederlage führen. Prinzipien, die mit Hilfe der Logik aus einer genauen Analyse des Spiels abgeleitet werden, sind gewöhnlich verläßlich, aber diejenigen, die aus Erfahrungen gewonnen werden, können unrichtig sein, wenn sie auf unzureichenden Erfahrungen beruhen. Allerdings ist es wahrscheinlich besser, ein unrichtiges Prinzip anzuwenden und es später den Erfordernissen entsprechend abzuwandeln, als keine Prinzipien aufzustellen, nur aus der Sorge heraus, sie könnten sich als falsch erweisen.

Selbst richtige Prinzipien haben, da sie allgemeiner Art

sind, manche Nachteile. So kann es nützlich sein, alle
symmetrischen Anordnungen als nicht erstrebenswert anzusehen, und doch mag eine dieser Anordnungen durchaus
brauchbar sein. Die Anwendung des allgemeinen Prinzips
würde zur Folge haben, daß diese eine Position, die eine
Ausnahme darstellt, niemals ausprobiert würde. Wenn Sie
aber mit den Prinzipien vertrauter sind, werden Sie feststellen, daß Sie auch imstande sind, die Ausnahmen zu
berücksichtigen.

Schlußbemerkungen zum vierten Tag:

1. Die brauchbarste Methode beim Spielen ist die Methode
   der strategischen Prinzipien.
2. Die Anwendung strategischer Prinzipien ermöglicht es,
   die in Frage kommenden Züge genau zu bewerten,
   indem ganze Gruppen von Zügen in Betracht gezogen
   werden.
3. Strategische Prinzipien können aus einer logischen Analyse des Spiels abgeleitet, von erfahrenen Spielern über-
   nommen oder unmittelbar aus eigenen Erfahrungen
   gewonnen werden.
4. Stehen gültige strategische Prinzipien zur Verfügung, ist
   ein erheblich geringeres Maß an praktischer Erfahrung
   nötig, um das Spiel gut spielen zu können.
5. Unrichtige strategische Prinzipien führen zur Niederlage.
6. Wahrscheinlich ist es besser, unrichtige Prinzipien anzuwenden und sie den Erfordernissen entsprechend zu
   verbessern, als gar keine Prinzipien anzuwenden.
7. Prinzipien können, da sie allgemeiner Art sind, brauch-
   bare Ausnahmen verbergen.
8. Bei ausreichender Erfahrung ist es möglich, Ausnahmen
   zu berücksichtigen, ohne mit den allgemeinen Prinzipien
   in Konflikt zu geraten.

DER FÜNFTE TAG

5. Aufgabe

A) Abbildung A zeigt eine Spielsituation. Stellen Sie sich vor, Sie hätten Ihren L-Stein schon gezogen und seien nun im Begriff, einen der beiden neutralen Steine zu ziehen. Wählen Sie den günstigsten Zug.

B) Abbildung B zeigt eine andere Spielsituation. Wählen Sie auch hier den günstigsten Zug für einen der neutralen Steine.

A   B

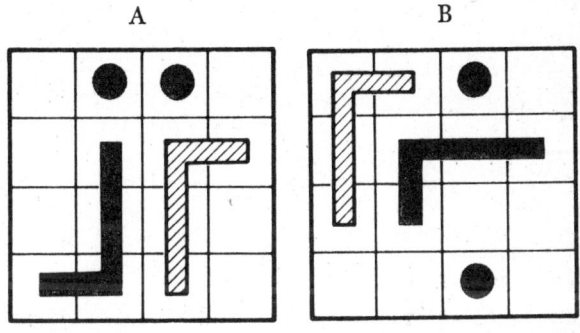

Es ist nur natürlich, wenn man annimmt, daß der L-Stein wichtiger sei als der neutrale Stein. Erstens braucht man die neutralen Steine nur zu ziehen, wenn man will, und zweitens gehören die L-Steine den Spielern und die neutralen Steine nicht. Ferner ist es schwieriger, eine neue Position für den L-Stein zu finden, und findet man sie nicht, ist das Spiel verloren. Schließlich ist der L-Stein größer. Trotz alledem gibt es Situationen, in denen die neutralen Steine wichtiger sind. Ob eine L-Position verhängnisvoll ist

oder nicht, kann von der Placierung eines neutralen Steins
abhängen. Vom richtigen Gebrauch dieser Steine kann es
abhängen, ob man das Spiel gewinnt.

Sie werden selbst bestimmen müssen, welchen Wert die
beiden Arten von Steinen haben und welche verschiedenen
Rollen sie spielen. Vielleicht halten Sie den L-Stein für eine
Belastung, da stets eine neue Position für ihn gefunden
werden muß, und sehen in dem neutralen Stein den
eigentlichen Angriffsstein. Vielleicht glauben Sie aber auch,
der L-Stein sei von allergrößter Wichtigkeit, und die Rolle
des neutralen Steins bestehe darin, die L-Strategien zu
unterstützen. In jeder Situation, in der zwei verschiedene
Dinge berücksichtigt werden müssen, kann die Art und
Weise, wie das Interesse zwischen ihnen aufgeteilt wird, das
Ergebnis stark beeinflussen.

Die Spielregeln schreiben nicht vor, daß jedesmal, wenn
der L-Stein gezogen wird, auch ein neutraler Stein zu ziehen
ist. Ob Sie es tun, bleibt Ihnen überlassen. Wenn Sie sich
nicht entscheiden können, in welche Position Sie einen der
neutralen Steine bringen sollen, werden Sie vielleicht
vorziehen, keinen zu ziehen. Auf den ersten Blick ist das ein
bequemer Ausweg, da es Sie scheinbar der Verantwortung
enthebt, eine Entscheidung zu treffen. In Wirklichkeit ist
diese nicht getroffene Entscheidung eine sehr reale Entscheidung. Wenn Sie die Steine da lassen, wo sie sind,
bedeutet das nämlich nicht, daß Sie sich nicht festgelegt
haben. Es bedeutet vielmehr, daß Sie eindeutig entschieden
haben, die gegenwärtige Position der neutralen Steine sei
die günstigste. Der Verzicht auf die Entscheidung, etwas zu
unternehmen, ist praktisch dasselbe wie eine definitive
Entscheidung, nichts zu unternehmen, auch wenn es dem
Anschein nach ein ganz anderer Vorgang ist.

In das entgegengesetzte Extrem verfallen diejenigen, die

meinen, da die Möglichkeit bestehe, einen der neutralen Steine zu ziehen, müsse man davon auch stets Gebrauch machen, um sich nur ja den größtmöglichen Vorteil zu verschaffen. Ich habe selbst erlebt, wie Spieler sich aus dieser Sucht heraus um den Sieg gebracht haben.

Lösung der 5. Aufgabe

Unten wird die beste der möglichen Positionen für den neutralen Stein gezeigt. Mit der Wahl dieser Position hätten Sie das Spiel gewonnen, denn der vollflächig getönte L-Stein kann jetzt nicht mehr in eine neue Position gebracht werden. Wären Sie ein guter Beobachter, hätten Sie bemerkt, daß eine ähnlich günstige Position schon einmal *gegen* Sie gewählt worden ist (Gegenzug B der 1. Aufgabe, Seite 97). Diese Art der Aufmerksamkeit könnte durchaus den Unterschied zwischen einem ganz guten und einem sehr guten Spieler ausmachen.

Entscheidend an dieser Lösung ist, daß hier bei richtiger Wahl eines der möglichen Züge das Spiel gewonnen werden kann. Es gibt noch viele andere risikolose Züge für die neutralen Steine, aber der hier vorgeschlagene ist der einzige offensive. Hätten Sie sich damit begnügt, eine risikolose

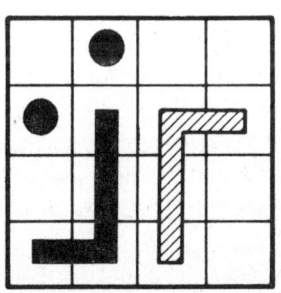

Position herauszufinden, wäre Ihnen die Chance, das Spiel zu gewinnen, entgangen.

Die Frage der Einstellung, ob offensiv oder defensiv, ist Temperamentssache. Vielleicht gehören Sie zu den Menschen, die stets darauf aus sind, sich in eine offensive Position zu bringen, und die, wenn ihnen das nicht gelingt, zu wenig Sorgfalt darauf verwenden, sich eine günstige defensive Position zu sichern. Vielleicht sind Sie aber auch von Ihrer eigenen Geschicklichkeit so wenig überzeugt, daß Sie zunächst versuchen, sich eine risikolose Position zu sichern, und dann erst, mehr oder weniger beiläufig, nach einer Angriffsposition Ausschau halten.

Lösung der 5. Aufgabe (B)

Die folgende Abbildung zeigt die für die neutralen Steine günstige Position, die in der Spielsituation B auf Seite 113 zu erreichen ist. Anders als bei der Situation A hat die Wahl der Position hier rein defensiven Charakter. Eine Angriffsposition kommt nicht in Frage. Im Gegenteil, die dargestellte Position ist (so scheint es mir jedenfalls) die einzige, die Sicherheit bietet. Alle anderen sind gefährlich.

Ob eine offensive oder eine defensive Haltung eingenommen wird, ist keine Alternative. Manche Spielsituationen erfordern das eine, manche das andere. *Alle* Situationen erfordern, daß *beide* Möglichkeiten erwogen werden. Ehe wir uns für einen Zug entscheiden, gehen wir gewöhnlich eine Rangliste von Zielen durch. Das erste Ziel ist, eine Position herauszufinden, die es ermöglicht, das Spiel zu gewinnen. Läßt sich das nicht bewerkstelligen, ist das nächste Ziel, eine Position zu vermeiden, die zur Niederlage führt.

Mit zunehmender Erfahrung kann diese Rangliste erwei-

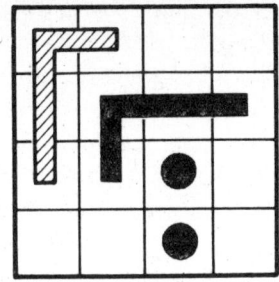

tert werden. Je mehr beide Spieler mit den Positionen, die zum Sieg oder zur Niederlage führen, vertraut sind, um so mehr hängt der Erfolg von der Fähigkeit ab, stets einen Zug voraus zu denken. Es genügt also nicht, sich bei jedem Zug um eine Position zu bemühen, die den Sieg herbeiführt; vielmehr sollten Sie auch imstande sein, eine Position zu wählen, die Ihnen in der folgenden Runde eine Position ermöglicht, aus der heraus Sie gewinnen können. Als nächstes beginnen Sie, zwei Züge im voraus zu planen, usw.. Stellen Sie also fest, daß eine ausgesprochen günstige Position nicht zu erreichen ist, sollte das nächste Ziel nicht darin bestehen, einen risikolosen Zug zu ermitteln, sondern einen, der Ihnen in der folgenden Runde einen zum Sieg führenden Zug erlaubt.

Schlußbemerkungen zum fünften Tag:

1. Sind bei einem Spiel verschiedene Arten von Steinen zu ziehen, wird das Spielergebnis davon beeinflußt, welche Bedeutung diesen Steinen beigemessen wird.
2. Ein scheinbar weniger wichtiger Stein kann sich unter bestimmten Umständen als der wichtigere erweisen.
3. Unfähigkeit, die Entscheidung zu treffen, etwas zu unternehmen, ist dasselbe wie eine definitive Entschei-

dung, nichts zu unternehmen – auch wenn es dem Anschein nach ein anderer Vorgang ist.

4. Eine offensive oder defensive Haltung kann bei der Wahl eines Zuges ausschlaggebend sein. Bei defensiver Haltung kann es geschehen, daß ein in Frage kommender Zug, der zum Sieg führen würde, übersehen wird.

5. Manche Situationen erfordern eine offensive Taktik, andere lassen nur eine defensive zu.

6. Bei der Wahl eines Zuges ist es üblich, eine Rangliste von Absichten oder Zielen durchzugehen. Folgende Ziele sind denkbar: einen Zug zu wählen, der zum Sieg führt; einen Zug zu wählen, der in der folgenden Runde einen zum Sieg führenden Zug ermöglicht; einen Zug zu vermeiden, der zur Niederlage führt.

7. Der Spieler, der die meisten Züge vorauszudenken vermag, gewinnt.

8. Es ist nicht notwendig, bei jeder Gelegenheit alle erlaubten Züge zu machen. Eine solche Sucht kann Nachteile haben.

SCHLUSSBETRACHTUNG

Über ein Spiel zu lesen und verhältnismäßig einfache Aufgaben zu lösen, ist kein Ersatz dafür, das Spiel zu spielen. Beim wirklichen Spiel ändert sich die Situation fortwährend. Eine Entscheidung nach der anderen muß getroffen werden, und zugleich besteht die Möglichkeit, aus der Erfahrung zu lernen. Ein Spiel zu spielen ist eher eine praktische als eine akademische Angelegenheit. Man kann nicht eine Ewigkeit darüber nachdenken, welcher der möglichen Züge der günstigste wäre. Es kommt darauf an, praktische, vereinfachte Verfahren zu entwickeln, mit deren Hilfe sich die nötigen Entscheidungen schneller treffen lassen.

Das L-Spiel ist amüsant, weil es so überaus einfach ist und trotzdem Gelegenheit bietet, Techniken zu entwickeln und anzuwenden, die in weit komplizierteren Situationen nützlich sein können.

Das L-Spiel ist ein Miniaturspiel, und in mancher Beziehung sind Spiele so etwas wie Miniaturausgaben von Situationen des täglichen Lebens. Isoliert und klar, wie sie sich in einem Spiel darstellen, bieten sie Gelegenheit, Erfahrungen und strategische Kenntnisse zu erproben, die sich möglicherweise in größerem Rahmen anwenden lassen.

Die jeweiligen Schlußbemerkungen sind nicht als erschöpfende oder unbedingt maßgebende Anleitungen gedacht, wie Spiele zu spielen sind. Wie in den beiden anderen Kursen sollen sie auch hier ein Anreiz für Sie sein, sich Ihre eigenen Gedanken zu machen, sei es, daß Sie sich sanft angestoßen oder durch die Banalität der Sätze herausgefordert fühlen.

NACHWORT

Bei diesen Kursen ist jeder Leser sein eigener Forschungsgegenstand gewesen.

Ziel des Buches war es, die Aufmerksamkeit von den Aufgaben auf die besondere Art, wie der Verstand mit ihnen fertig wird, zu lenken.

Die Aufgaben sind nicht etwa ein Test, sondern praktische Gelegenheiten, sich von Denkprozessen faszinieren zu lassen. Der Grund, weshalb eine Aufgabe schwierig erscheint, kann wesentlich interessanter sein als die Lösung selbst.

Die Gedanken, die *Sie* sich über die Denkprozesse machen, sind mindestens ebenso zutreffend wie die hier geäußerten. Solche Gedanken mögen etwa zu der Einsicht führen, daß der Verstand nicht in dem Maße logisch arbeitet, wie es zu wünschen wäre. Einige der Aufgaben wirken, sobald sie gelöst sind, kinderleicht, und doch mag es schwer gewesen sein, auf die Lösung zu kommen. Was aber hindert uns daran, eine Aufgabe, für die es eine einfache Lösung gibt, mit Leichtigkeit zu lösen? Ist es einfach nur ein Mangel an logischem Denkvermögen? Zuweilen hat es den Anschein, als werde man gerade durch das Wirken der Logik in eine falsche Richtung geführt.

In der Praxis ist das Denken eine ziemlich wirre Angelegenheit. Es geht nicht allein darum, die Gesetze der Logik zu befolgen. Wie man an eine Aufgabe herangeht, ist im allgemeinen entscheidender als der Erfolg, mit dem man diesen Weg beschreitet. Die Entscheidung für einen bestimmten Weg wird oft durch Gewohnheiten, die persönliche Einstellung oder sogar durch Emotionen stark beeinflußt.

Manche Leser haben mit den Aufgaben vielleicht deshalb Schwierigkeiten gehabt, weil sie nicht gewillt waren, ein naheliegendes Verfahren aufzugeben, und sich auf diese Weise festgefahren haben.

Andere mag der selbstauferlegte Zwang, behutsam eine Etappe nach der anderen zurückzulegen, daran gehindert haben, auf eine Lösung zu kommen, zu der es an irgendeinem Punkt eines einfallsreicheren Schrittes bedurft hätte. Allein schon die Worte, mit denen ein Leser sich selbst eine Aufgabe klargemacht hat, können einen Einfluß darauf gehabt haben, wie leicht oder mühsam er die Lösung gefunden hat, denn selbst die Beschreibung einer Aufgabe kann zu einer Starrheit führen, die die Möglichkeiten einschränkt. Diese und viele andere Einzelheiten werden Ihnen nicht entgangen sein.

Als entscheidend kann sich erwiesen haben, auf welche Weise sich neue Ideen einstellen oder nicht einstellen. Sehr bald merken Sie, daß Sie nicht an einer anderen Stelle ein Loch graben können, indem Sie an der alten Stelle tiefer graben. Nach und nach zeigt sich ein abgestufter Unterschied zwischen zwei grundlegend verschiedenen Arten zu denken. Bei »vertikalem« Denken versucht man, dasselbe Loch tiefer zu graben, und verfolgt starr den wahrscheinlich aussichtsreichsten Weg. Bei »lateralem« Denken geht man mit viel Phantasie viele verschiedene Wege, die zwar wahrscheinlich weniger aussichtsreich sind, von denen man sich aber einen neuen und besseren Zugang zu der Aufgabe erhofft. Der Unterschied zwischen vertikalem und lateralem Denken ist grundlegend.

Diese Geisteshaltungen und diese Strategien des Denkens geben den Ausschlag. Sie werden von der individuellen Eigenart des Gehirns diktiert, nicht von der Wichtigkeit der in Angriff genommenen Aufgaben. Aus der Erkenntnis der eigenen und der allgemeinen Unzulänglichkeiten des Verstandes kann eine größere Geschicklichkeit im Denken erwachsen. Die Erforschung der Schwierigkeiten, die beim Denken auftauchen, mag einem nützlicheren Zweck dienen als ein Versuch, das Wesen der Intelligenz zu ergründen.

Heyne
Sachbuch

Interessante Themen
Kompetente Autoren

Hannes Lindemann
Überleben im Streß
Autogenes Training:
Der Weg zu Entspannung,
Gesundheit, Leistungs-
steigerung
Neuausgabe

19/41

Carl Simonton
PRINZIP MUT
Die Aktivierung
der Selbstheilungskräfte
bei Krebs

19/63

Helmut Milz
Ganz-heitliche Medizin
Neue Wege
zur Gesundheit

Mit einem Vorwort von
Fritjof Capra

19/47

Stanislav Grof
AUF DER SCHWELLE ZUM LEBEN
Die Geburt:
Tor zur Transpersonalität
und Spiritualität

19/19

Gerhard Peter Moosleitner
WIR EINZEL-MENSCHEN
Eine neue
Evolutionsgeschichte

19/6

Neues Bewußtsein-neues Leben
Bausteine für
eine menschliche
Welt
Mit Beiträgen
von Fritjof Capra, Stanislav Grof,
Alan Watts, Marilyn Ferguson,
Robert Jungk, David Bohm,
Ronald D. Laing, Carl
Friedrich von
Weizsäcker u. a.

19/1

Wilhelm Heyne Verlag München

Heyne
Sachbuch

Interessante Themen
Kompetente Autoren

John Naisbitt / Patricia Aburdene
Megatrends Arbeitsplatz

19/26

Peter Müri
Chaos Management
Die kreative Führungsphilosophie

19/61

Robert Jungk / Norbert R. Müllert
Zukunftswerkstätten
Mit Phantasie gegen Routine und Resignation

19/73

Rudolf Walter Leonhardt
Pro & Contra
Argumente zur Zeit aus DIE ZEIT

19/75

Martin Ader
Der Informationsschock
Wie die Datenverarbeitung unser Leben verändert

19/10

Hazel Henderson
DIE NEUE ÖKONOMIE
Menschliches und ökologisches Wirtschaften im Solarzeitalter
Herausgegeben von Anita Bachmann

19/37

Wilhelm Heyne Verlag München

PSYCHO

*Die Heyne-Taschenbuchreihe „Psycho"
bringt ein breites Spektrum von Themen zwischen
Grundfragen der Psychologie einerseits
und praktischer Lebenshilfe andererseits.*

ESOTERISCHES WISSEN

DER SCHLÜSSEL ZUR INNEREN WEISHEIT

Wege und Wahrheiten
für ein besseres und erfolgreiches Leben

08/9550

08/9552

08/9551

08/9553

08/9554

08/9555

WILHELM HEYNE VERLAG
MÜNCHEN

Das L-Spiel
Beilage zu
Edward de Bono, In 15 Tagen Denken lernen

Das Brett besteht aus 16 Feldern. Jeder der beiden
Spieler erhält einen L-Stein, der vier Felder bedeckt.
Der L-Stein *muß* jedesmal, wenn man an der Reihe
ist, gezogen werden. Die beiden blauen Steine sind
neutrale Steine, die keinem der beiden Spieler gehören, aber von beiden gezogen werden *können*.

Ziel des Spiels ist, den Gegner in eine Position hin-
einzumanövrieren, in der er seinen L-Stein nicht mehr
ziehen kann.

Das nebenstehende Diagramm zeigt die Anordnung
der Steine auf dem Brett bei Beginn des Spiels. Beide
Spieler müssen nun abwechselnd ihren L-Stein ziehen,
indem sie ihn schieben, aufnehmen oder umdrehen
und in einer beliebigen neuen Position auf vier entsprechenden Feldern des Spielbretts placieren. Eine
Position gilt als neu, wenn auch nur eines der von
dem Stein bedeckten Felder gewechselt wurde. Hat
ein Spieler seinen L-Stein gezogen, *kann* er anschließend einen (aber nur einen) der beiden quadratischen
neutralen Steine auf ein beliebiges freies Feld legen.

Erreicht ein Spieler, daß sein Gegner seinen L-Stein
nicht mehr ziehen kann, hat er das Spiel gewonnen.

Spielbrett umseitig   *Spielsteine ausschneiden*